Gréng a Schmaackhaft

Eng Rees an d'Welt vun der Veganer Kichen

Lena Weber

Copyright: © 2023

All Rechter reservéiert

All Rechter reservéiert. Keen Deel vun dësem Buch däerf ouni schrëftlech Erlaabnes vum Verlag reproduzéiert oder kopéiert ginn, ouni schrëftlech Erlaabnes vum Verlag, ausser d'Inklusioun vu kuerzen Zitater. an enger Iwwerpréiwung.

Warnung-Verzichterklärung

D'Informatioun an dësem Buch soll esou korrekt wéi méiglech sinn. Den Auteur an de Verlag hu keng Haftung zu jidderengem am Respekt vu Verloscht oder Schued, deen direkt oder indirekt duerch d'Informatioun an dësem Buch verursaacht oder angeblech verursaacht gëtt.

Inhaltsverzeechnes

Aféierung 11

Muert Energie Bäll 16

Crispy séiss Gromper Stécker 18

Réischteren Glazed Baby Muerten 20

Gebakene Kale Chips 22

Cashew Kéis Dip 24

Peffer Hummus Dip 26

Traditionell libanesche Mutabal 29

Indesche Stil Réischteren Chickpeas 31

Avocado mat Tahini Zooss 33

Séiss Kartoffel Tater Tots 35

Gegrillte Paprika an Tomatendip 37

Klassesch Partymix 39

Knuewelek an Olivenueleg crostini 41

Klassesch vegan Fleeschbäll 42

Balsamic geréischtertem Pastinak 44

Traditionell Baba Ganoush 47

Erdnussbotter Bites 49

Réischteren Feierblumm Dip 50

einfach Zucchini Rollen 52

Chipotle Gromper Chips 54

Cannellini Bean Zooss 56

Gegrillte Réischteren Choufleur 58

Liicht libanesche Toum 61

Avocado mat wierzegen Ingwer Dressing 63

Chickpea Snack Mix 65

Muhammara Sauce mat engem Twist 67

Crostini mat Spinat, Chickpeas a Knuewelek 69

Mushroom "Meatballs" a Cannellini Bounen 72

Gurken mat Hummus 74

Geféllte Jalapeno Bites 75

Mexikanesch Ënn Réng 77

Réischteren Root Geméis 79

Indesche Stil Hummus Dip 81

Réischteren Bounen a Muert Dip 83

Schnell an einfach Zucchini Sushi 85

Cherry Tomaten mat Hummus 87

Champignonen am Ofen 89

Kéiseg Kale Chips 92

Avocado Schëffer mat Hummus 94

Nacho gefëllte Champignonen 96

Salade wraps mat Hummus an Avocado 98

Réischteren Bréissel Sprossen 100

Poblano Séiss Kartoffel Poppers 102

Gebakene Zucchini Chips 104

authentesch libanesche Zooss 106

Vegan Oatmeal Fleeschbäll 108

Paprikabooter mat Mangozooss 110

Spicy Rosemary Broccoli Blummen 112

Crispy gebakene Beet Chips 114

Hausgemaachte Schockela mat Kokosnoss a Rosinen 117

Liicht Mokka Fudge 119

Mandel a Schockela Kichelcher 121

Mandel Botter Cookien 123

Erdnussbotter Oat Bars 125

Halschent Vanille Fudge 127

Raw Schockela a Mango Kuch 129

Schéin Schockela Crème 131

réi Himbeer Kéisekuch 133

Mini Zitroun Taarten 135

Fluffy Kokosnoss Blondies mat Rosinen 138

liicht Schockela Plaze 140

Schockela Raisin Cookien 142

Mandel Granola Baren 144

flauscheg Kokosnoss Cookien 146

Raw Nëss a Berry Pie 148

dreemen Schockela Bäll 150

lescht Minutt Macaroons 152

al äusgeleiert Ratafias 154

Jasmine Reispudding mat gedréchent Aprikosen 156

deeglech Energie Baren 158

rau Kokosnoss Glace 161

Schockela an Haselnuss Fudge 163

Blueberry Oatmeal Plaze 165

Klassesch Broutpudding mat Sultanen 167

Dekadent Haselnuss Halvah 169

Mini orange cheesecakes 171

Berry Kompott mat roude Wäin 173

Tierkesch Irmik Helvasi 175

traditionell griichesch koufeto 177

Spicy Uebstzalot mat Zitrounedressing 179

Däitsch-Stil Apel crumble 182

Vanille an Zimt Pudding 184

Schockela Minze Kuch 186

al äusgeleiert Kichelcher 188

Kokosnoss Crème Kuch 190

Liicht Schockela Karamell 192

Mamm d'Hambierbéier Cobbler 195

Crisp Hierscht Biren 197

berühmte Haystack Cookien 199

duebel Schockela Brownies 201

Crunchy Oatmeal Walnuss Schneekereien 203

Mamm hir Himbeer Kéisekuch 205

Schockela verglaste Kichelcher 207

Karamell Brout Pudding 209

Déi bescht Granola Baren vun all Zäit 212

Old Fashioned Fudge Penuche 214

(Prett an ongeféier 10 Minutten + Ofkillungszäit | 12 Portiounen) 215

Traditionell Hanukkah Latkes 217

Thanksgiving Herb Gravy 219

Aféierung

Bis viru kuerzem hunn ëmmer méi Leit ugefaang de pflanzlechen Diät Liewensstil ëmzegoen. Et ass diskutabel wat genee zéngdausende vu Millioune Leit un dëse Liewensstil ugezunn huet. Wéi och ëmmer, et gëtt ëmmer méi Beweiser datt no engem haaptsächlech Planzbaséierte Liewensstil zu enger besserer Gewiichtskontroll a allgemenger Gesondheet féiert, fräi vu ville chronesche Krankheeten. Wat sinn d'Gesondheetsvirdeeler vun enger pflanzlecher Ernährung? Et stellt sech eraus datt d'Pflanzebaséiert Iessen eng vun de gesondsten Diäten op der Welt ass. Gesond vegan Ernährung enthält vill fräsch Produkter, Vollkorn, Hülsenfrüchte a gesond Fette wéi Somen an Nëss. Si si reich an Antioxidantien, Mineralstoffer, Vitaminnen an Diätfaser. Aktuell wëssenschaftlech Fuerschung suggeréiert datt e méi héije Konsum vu Planzbaséierte Liewensmëttel mat engem nidderegen Risiko vu Mortalitéit vu Bedéngungen wéi Herz-Kreislauf-Krankheet assoziéiert ass, Typ 2 Diabetis, héije Blutdrock an Adipositas. Vegan Iessen Pläng baséieren dacks op gesonde Klameren, vermeit Déiereprodukter gelueden mat Antibiotike, Additiven an Hormonen. Zousätzlech kann d'Intake vun engem méi héijen Undeel vun essentielle Aminosäuren mat Déiereproteine schiedlech fir d'mënschlech Gesondheet sinn. Vu datt Déiereprodukter vill méi Fett enthalen wéi pflanzlech Liewensmëttel, ass et keng Iwwerraschung datt Studien weisen datt Fleeschfresser en Adipositasquote néng Mol méi héich ass wéi Veganer. Dëst bréngt eis op den nächste Punkt, ee vun de gréisste Virdeeler vun der vegan Ernährung: Gewiichtsverloscht. Iwwerdeems vill Leit wielen e vegan Liewen aus ethesche Grënn ze liewen, kann d'Diät selwer hëllefen Iech Är Gewiichtsverloscht Ziler erreechen. Wann Dir kämpft fir Gewiicht ze verléieren, betruecht eng Planz-baséiert Ernährung ze probéieren. Wéi genau? Als Vegan, wäert Dir op héich-Kalorie Liewensmëttel reduzéieren wéi voll-fett Mëllechprodukter, fatty Fësch, Schwäin, an aner Cholesterin-enthale Liewensmëttel wéi Eeër. Probéiert dës Liewensmëttel ze ersetzen duerch Alternativen reich an Faser a Protein, déi Iech méi laang voll halen. De Schlëssel ass op Nährstoffdicht, propper, natierlech Liewensmëttel ze fokusséieren an eidel Kalorien wéi Zocker, gesättigte Fette an héich veraarbechte Liewensmëttel ze vermeiden. Hei sinn e puer Tricken, déi mir hëllefen, mäi Gewiicht op enger veganer Ernährung fir Joeren z'erhalen. Ech hunn Geméis als Haaptplat; konsuméiere gutt Fette a Moderatioun - e gutt Fett wéi Olivenueleg ass net fetteg; Ech trainéieren regelméisseg a kachen doheem. Genéiss et! Probéiert dës Liewensmëttel ze ersetzen duerch Alternativen reich an Faser a Protein, déi Iech méi laang voll halen. De Schlëssel ass op Nährstoffdicht, propper, natierlech Liewensmëttel ze fokusséieren an eidel Kalorien wéi Zocker, gesättigte Fette an héich veraarbechte Liewensmëttel ze vermeiden. Hei sinn e puer Tricken, déi mir hëllefen, mäi Gewiicht op enger veganer Ernährung fir Joeren z'erhalen. Ech hunn Geméis als Haaptplat; konsuméiere gutt Fette a Moderatioun - e gutt Fett wéi

Olivenueleg ass net fetteg; Ech trainéieren regelméisseg a kachen doheem. Genéiss et! Probéiert dës Liewensmëttel ze ersetzen duerch Alternativen reich an Faser a Protein, déi Iech méi laang voll halen. De Schlëssel ass op Nährstoffdicht, propper, natierlech Liewensmëttel ze fokusséieren an eidel Kalorien wéi Zocker, gesättigte Fette an héich veraarbechte Liewensmëttel ze vermeiden. Hei sinn e puer Tricken, déi mir hëllefen, mäi Gewiicht op enger veganer Ernährung fir Joeren z'erhalen. Ech hunn Geméis als Haaptplat; konsuméiere gutt Fette a Moderatioun - e gutt Fett wéi Olivenueleg ass net fetteg; Ech trainéieren regelméisseg a kachen doheem. Genéiss et! Ech hunn Geméis als Haaptplat; konsuméiere gutt Fette a Moderatioun - e gutt Fett wéi Olivenueleg ass net fetteg; Ech trainéieren regelméisseg a kachen doheem. Genéiss et! Ech hunn Geméis als Haaptplat; konsuméiere gutt Fette a Moderatioun - e gutt Fett wéi Olivenueleg ass net fetteg; Ech trainéieren regelméisseg a kachen doheem. Genéiss et!

Muert Energie Bäll

(Prett an ongeféier 10 Minutten + Ofkillungszäit | 8 servéiert)

Pro Portioun: Kalorien: 495; Fett: 21,1 g; Kuelenhydrater: 58,4 g; Protein: 22,1g

Zutaten

1 grouss Muert, gerappte Muert

1 ½ dl almodesch Hafer

1 Coupe Rosinen

1 Taass Datumen, ze schlecht

1 Coupe Kokosnoss Flakelen

1/4 Teelöffel Buedem Nelken

1/2 Teelöffel Buedem Kanéil

Adressen

Mix all Zutaten an Ärem Liewensmëttelprozessor bis glat a plakeg.

Form Kugelen vun der selwechter Gréisst mam Teig.

Plaz am Frigo bis prett fir ze servéieren. Schéin Iessen!

Crispy séiss Gromper Stécker

(Prett an ongeféier 25 Minutten + Ofkillungszäit | 4 Portiounen)

Pro Portioun: Kalorien: 215; Fett: 4,5 g; Kuelenhydrater: 35g; Protein: 8,7g

Zutaten

4 séiss Gromperen, schielen a gerappt

2 chia eieren

1/4 Coupe Nährwert Hef

2 Esslöffel Tahini

2 Esslöffel Chickpea Miel

1 TL Schalottenpulver

1 TL Knuewelekpulver

1 Teelöffel Paprika

Mier Salz a Buedem schwaarz Peffer fir ze schmaachen

Adressen

Fänkt un, den Ofen op 395 Grad F ze erhëtzen. Linn e Bakblech mat Pergamentpapier oder Silpatmat.

Mix all d'Ingredienten gutt bis alles gutt gemëscht ass.

Roll den Teig zu glatte Kugelen a setzen se an de Frigo fir ongeféier 1 Stonn.

Bake dës Bäll fir ongeféier 25 Minutten, flippt se hallef duerch d'Kachzäit. Schéin Iessen!

Réischteren Glazed Baby Muerten

(Prett an ongeféier 30 Minutten | 6 Portiounen)

Pro Portioun: Kalorien: 165; Fett: 10,1 g; Kuelenhydrater: 16,5 g; Protein: 1,4g

Zutaten

2 Pond Puppelchen Muerten

1/4 Coupe Olivenueleg

1/4 Coupe Äppel Cider Esseg

1/2 Teelöffel rout Peffer Flakelen

Mier Salz a frësch gemalen schwaarze Peffer fir ze schmaachen

1 Esslöffel Agave Sirop

2 EL Sojazooss

1 Esslöffel frësche Koriander, gehackt

Adressen

Fänkt un mat den Ofen op 395 Grad F.

Dann vermëschen d'Muerten mat Olivenueleg, Esseg, roude Peffer, Salz, schwaarze Peffer, Agave Sirop a Sojazooss.

Grill d'Muerten fir ongeféier 30 Minutten, dréit d'Pan eemol oder zweemol ëm. Garnéieren mat frësche Cilantro a servéieren. Schéin Iessen!

Gebakene Kale Chips

(Prett an ongeféier 20 Minutten | 8 Servéiert)

Pro Portioun: Kalorien: 65; Fett: 3,9 g; Kuelenhydrater: 5,3 g; Protein: 2,4g

Zutaten

- 2 Bunch Kale, Blieder getrennt
- 2 Esslöffel Olivenueleg
- 1/2 Tsp Moschterkären
- 1/2 TL Sellerie Somen
- 1/2 Tsp gedréchent Oregano
- 1/4 Teelöffel Buedem cumin
- 1 TL Knuewelekpulver
- Grof Mier Salz a Buedem schwaarz Peffer fir ze schmaachen

Adressen

Fänkt un andeems Dir den Ofen op 340 Grad F. Linn e Bakblech mat Pergament Pabeier oder Pergament Pabeier.

Géi Kale Blieder mat de verbleiwen Zutaten bis gutt beschichtet.

Bake am virgehëtzten Ofen fir ongeféier 13 Minutten, dréit d'Pan eemol oder zweemol ëm. Schéin Iessen!

Cashew Kéis Dip

(Bereet an ongeféier 10 Minutten | 8 servéiert)

Pro Portioun: Kalorien: 115; Fett: 8,6 g; Kuelenhydrater: 6,6 g; Protein: 4,4g

Zutaten

1 Coupe rau Cashews

1 frësch gepressten Zitroun

2 Esslöffel Tahini

2 Esslöffel Ernärungshefe

1/2 Tsp Kurkuma Pudder

1/2 Teelöffel zerquetscht rout Peffer Flakelen

Mier Salz a Buedem schwaarz Peffer fir ze schmaachen

Adressen

Setzt all Zutaten an d'Schuel vun Ärem Liewensmëttelprozessor. Mix bis glat, cremeg a glat. Dir kënnt e Sprëtz Waasser addéieren fir et ze verdënnen wéi néideg.

Gitt Är Zooss an eng Déngschtbecher; servéiere mat Geméisstécker, Chips oder Cracker.

Schéin Iessen!

Peffer Hummus Dip

(Prett an ongeféier 10 Minutten | 10 servéiert)

Pro Portioun: Kalorien: 155; Fett: 7,9 g; Kuelenhydrater: 17,4g; Protein: 5,9g

Zutaten

20 Unzen Konserven oder gekachten Chickpeas, drainéiert

1/4 Coupe Tahini

2 gehackte Knuewelek

2 Esslöffel frësch gepressten Zitrounejus

1/2 Coupe flësseg Chickpeas

2 Réischteren rout Peppers, cored a geschnidden

1/2 Teelöffel Paprika

1 TL gedréchent Basil

Mier Salz a Buedem schwaarz Peffer fir ze schmaachen

2 Esslöffel Olivenueleg

Adressen

Mix all Zutaten ausser Ueleg an Ärem Mixer oder Liewensmëttelprozessor bis déi gewënscht Konsistenz erreecht gëtt.

Plaz am Frigo bis prett fir ze servéieren.

Serve mat gereest Pita Brout oder Chips, wann Dir wëllt. Schéin Iessen!

Traditionell libanesche Mutabal

(Prett an ongeféier 10 Minutten | 6 Portiounen)

Pro Portioun: Kalorien: 115; Fett: 7,8 g; Kuelenhydrater: 9,8 g; Protein: 2,9g

Zutaten

1 Pound Aubergine

1 gehackte Zwiebel

1 Esslöffel Knuewelek Paste

4 Esslöffel Tahini

1 EL Kokosnossueleg

2 EL Zitrounejus

1/2 Teelöffel Buedem Koriander

1/4 Coupe Buedem Nelken

1 TL roude Peffer Flakelen

1 TL gefëmmt Paprika

Mier Salz a Buedem schwaarz Peffer fir ze schmaachen

Adressen

Grill d'Aubergine bis d'Haut schwaarz gëtt; D'Aubergine schielen a se an d'Schuel vun Ärem Liewensmëttelprozessor setzen.

Füügt déi verbleiwen Zutaten. Mix bis alles gutt gemëscht ass.

Serve mat Crostini oder Pita Brout, wann Dir wëllt. Schéin Iessen!

Indesche Stil Réischteren Chickpeas

(Bereet an ongeféier 10 Minutten | 8 servéiert)

Pro Portioun: Kalorien: 223; Fett: 6,4 g; Kuelenhydrater: 32,2g; Protein: 10,4g

Zutaten

2 dl Konserven Chickpeas, drainéiert

2 Esslöffel Olivenueleg

1/2 TL Knuewelekpulver

1/2 Teelöffel Paprika

1 TL Currypulver

1 Teelöffel garam masala

Mier Salz a roude Peffer, fir ze schmaachen

Adressen

Patt d'Chickpeas mat Pabeierhandtücher trocken. Dréckt d'Kichecher mat Olivenueleg.

Roast d'Kicherbëss an engem virgehëtzten 400 Grad F Ofen fir ongeféier 25 Minutten, réieren eemol oder zweemol.

Schreift Är Kiche mat de Gewierzer a genéisst!

Avocado mat Tahini Zooss

(Prett an ongeféier 10 Minutten | 4 Servéiert)

Pro Portioun: Kalorien: 304; Fett: 25,7 g; Kuelenhydrater: 17,6 g; Protein: 6g

Zutaten

2 grouss Avocados, geschnidden an halbéiert

4 Esslöffel Tahini

4 Esslöffel Sojazooss

1 Esslöffel Zitrounejus

1/2 Teelöffel rout Peffer Flakelen

Mier Salz a Buedem schwaarz Peffer fir ze schmaachen

1 TL Knuewelekpulver

Adressen

Huelt d'Avocado-Hälschent op engem Déngschtplat.

Mix Tahini, Sojazooss, Zitrounejus, roude Peffer, Salz, Schwaarz Peffer a Knuewelekpulver an enger klenger Schossel. Deelt d'Zooss tëscht den Avocado-Hälschen.

Schéin Iessen!

Séiss Kartoffel Tater Tots

(Prett an ongeféier 25 Minutten + Ofkillungszäit | 4 Portiounen)

Pro Portioun: Kalorien: 232; Fett: 7,1 g; Kuelenhydrater: 37g; Protein: 8,4g

Zutaten

1 ½ Pond séiss Kartoffel, gerappt

2 chia eieren

1/2 Coupe einfach Miel

1/2 Coupe Brout

3 Esslöffel Hummus

Mier Salz a schwaarze Peffer, fir ze schmaachen.

1 Esslöffel Olivenueleg

1/2 Coupe Sauce Zooss

Adressen

Fänkt un, den Ofen op 395 Grad F ze erhëtzen. Linn e Bakblech mat Pergamentpapier oder Silpatmat.

Mix all d'Ingredienten, ausser d'Zooss, bis alles gutt gemëscht ass.

Roll den Teig zu glatte Kugelen a setzen se an de Frigo fir ongeféier 1 Stonn.

Bake dës Bäll fir ongeféier 25 Minutten, flippt se hallef duerch d'Kachzäit. Schéin Iessen!

Gegrillte Paprika an Tomatendip

(Prett an ongeféier 35 Minutten | 10 servéiert)

Pro Portioun: Kalorien: 90; Fett: 5,7 g; Kuelenhydrater: 8,5 g; Protein: 1,9g

Zutaten

4 rout Paprika

4 Tomaten

4 Esslöffel Olivenueleg

1 gehackte roude Ënn

4 Knuewelek

4 Unzen Konserven Chickpeas, drainért

Mier Salz a Buedem schwaarz Peffer fir ze schmaachen

Adressen

Fänkt un mam Ofen op 400 Grad F.

Plaz Peppers an Tomaten op engem Bakblech mat Bakpabeier bedeckt. Bake fir ongeféier 30 Minutten; schielen d'Pfeffer an iwwerdroe se an Äre Liewensmëttelprozessor zesumme mat de geréischten Tomaten.

Mëttlerweil, Hëtzt 2 Esslöffel Olivenueleg an enger Bratpfanne iwwer mëttlerer Hëtzt. Sauté Zwiebel a Knuewel fir ongeféier 5 Minutten oder bis se erweicht sinn.

Füügt d'geréischte Geméis an Äre Liewensmëttelprozessor. Dobäizemaachen Chickpeas, Salz, Peffer an Rescht Olivenueleg; veraarbecht bis cremeg a glat.

Schéin Iessen!

Klassesch Partymix

(Gemaach an ongeféier 1 Stonn 5 Minutten | 15 Portiounen)

Pro Portioun: Kalorien: 290; Fett: 12,2g; Kuelenhydrater: 39g; Protein: 7,5g

Zutaten

5 Coupe vegan Mais Flakelen

3 dl vegan Mini Bretzels

1 Coupe geréischten Mandelen

1/2 Coupe Réischteren Pepitas

1 Esslöffel Ernärungshefe

1 Esslöffel Balsamico Esseg

1 EL Sojazooss

1 TL Knuewelekpulver

1/3 Coupe vegan Botter

Adressen

Fänkt un, den Ofen op 250 Grad F ze erhëtzen. Linn e grousse Bakblech mat Pergamentpabeier oder enger Silpat Mat.

Kombinéiert Getreide, Bretzel, Mandelen a Pepitas an enger Déngschtbecher.

Schmelzen déi aner Zutaten an engem klenge Kasseroll iwwer mëttlerer Hëtzt. Gitt d'Zooss iwwer d'Cereal-Nëss Mëschung.

Bake fir ongeféier 1 Stonn, réieren all 15 Minutten, bis gëllen a parfüméierter. Transfert op e Drahtrack fir komplett ze killen. Schéin Iessen!

Knuewelek an Olivenueleg crostini

(Prett an ongeféier 10 Minutten | 4 Servéiert)

Pro Portioun: Kalorien: 289; Fett: 8,2g; Kuelenhydrater: 44,9 g; Protein: 9,5g

Zutaten

1 ganz Weess Baguette, geschnidden

4 Esslöffel extra virgin Olivenueleg

1/2 Tsp Mier Salz

3 Knuewelek, halbéiert

Adressen

Äre Grill virhëtzen.

Pinsel all Stéck Brout mat Olivenueleg a sprëtzen mat Mieresalz. Plaz ënner virgehëtzten Broiler fir ongeféier 2 Minutten oder bis liicht geréischtert.

All Stéck Brout mam Knuewel reiben an servéieren. Schéin Iessen!

Klassesch vegan Fleeschbäll

(Färdeg an ongeféier 15 Minutten | Servéiert 4)

Pro Portioun: Kalorien: 159; Fett: 9,2g; Kuelenhydrater: 16,3 g; Protein: 2,9g

Zutaten

1 Coupe brong Rais, gekacht a gekillt

1 Coupe Konserven oder gekachten Nierbounen, drainéiert

1 Teelöffel fein gehackte frësche Knuewel

1 kleng Ënn gehackt

Mier Salz a Buedem schwaarz Peffer fir ze schmaachen

1/2 Tsp Cayenne Peffer

1/2 Tsp gefëmmt Paprika

1/2 Teelöffel Koriander Somen

1/2 Tsp Koriander Senf Somen

2 Esslöffel Olivenueleg

Adressen

An enger Schossel gröndlech mëschen all Zutaten ausser Olivenueleg. Mix fir gutt ze kombinéieren, da formt d'Mëschung a glat Kugelen mat geölten Hänn.

Als nächst, Hëtzt d'Olivenueleg an enger Nonstick Pan iwwer mëttlerer Hëtzt. Eemol waarm, frittéiert d'Fleeschbäll fir ongeféier 10 Minutten bis gëllenbraun op alle Säiten.

Serve mat Cocktailstécker a genéisst!

Balsamic geréischtertem Pastinak

(Prett an ongeféier 30 Minutten | 6 Portiounen)

Pro Portioun: Kalorien: 174; Fett: 9,3 g; Kuelenhydrater: 22,2g; Protein: 1,4g

Zutaten

1 ½ Pond Pastinaken, a Stécker geschnidden

1/4 Coupe Olivenueleg

1/4 Coupe Balsamico Esseg

1 TL Dijon Senf

1 TL Fenchel Somen

Mier Salz a Buedem schwaarz Peffer fir ze schmaachen

1 Teelöffel Mëttelmier Gewierzmix

Adressen

Mix all d'Ingredienten an enger Mëschbecher bis d'Pasnips gutt beschichtet sinn.

Braten d'Pasnips an engem virgehëtzten Ofen bei 400 Grad F fir ongeféier 30 Minutten, réieren hallef duerch d'Kachzäit.

Serve bei Raumtemperatur a genéisst!

Traditionell Baba Ganoush

(Prett an ongeféier 25 Minutten | 8 servéiert)

Pro Portioun: Kalorien: 104; Fett: 8,2g; Kuelenhydrater: 5,3 g; Protein: 1,6g

Zutaten

1 Pound Aubergine, geschnidden

1 TL grober Mieresalz

3 Esslöffel Olivenueleg

3 Esslöffel frësch Zitrounejus

2 gehackte Knuewelek

3 Esslöffel Tahini

1/4 Teelöffel Buedem Nelken

1/2 Teelöffel Buedem cumin

2 Esslöffel gehackt frësch Petersilie

Adressen

Mier Salz iwwer d'Aubergine Scheiwen reiben. Da setzt se an e Colander a loosst et ongeféier 15 Minutten sëtzen; drainéieren, spülen a mat Pabeierhandtücher dréchen.

Grill d'Aubergine bis d'Haut schwaarz gëtt; D'Aubergine schielen a se an d'Schuel vun Ärem Liewensmëttelprozessor setzen.

Olivenueleg, Zitrounejus, Knuewelek, Tahini, Nelken a Kumin derbäisetzen. Mix bis alles gutt gemëscht ass.

Garnéiert mat frësche Petersilieblieder a genéisst!

Erdnussbotter Bites

(Prett an ongeféier 5 Minutten | 2 Portiounen)

Pro Portioun: Kalorien: 143; Fett: 3,9 g; Kuelenhydrater: 26,3 g; Protein: 2,6g

Zutaten

8 fräsch Dattelen, geschnidden an an d'Halschent geschnidden

8 Teelöffel Erdnussbotter

1/4 Tsp Buedem Kanéil

Adressen

Verdeelt d'Erdnussbotter tëscht den Hälften vun den Datumen.

Mat Zimt sprëtzen an direkt servéieren. Schéin Iessen!

Réischteren Feierblumm Dip

(Prett an ongeféier 30 Minutten | Servéiert 7)

Pro Portioun: Kalorien: 142; Fett: 12,5g; Kuelenhydrater: 6,3 g; Protein: 2,9g

Zutaten

1 Pound Choufleur florets

1/4 Coupe Olivenueleg

4 Esslöffel Tahini

1/2 Teelöffel Paprika

Mier Salz a Buedem schwaarz Peffer fir ze schmaachen

2 EL fräsche Zitrounejus

2 gehackte Knuewelek

Adressen

Fänkt un, den Ofen op 420 Grad F ze erhëtzen.

Choufleurbléieblieder mat Olivenueleg werfen an op e Pergament-gezeechent Bakblech setzen.

Bake fir ongeféier 25 Minutten oder bis mëll.

Dann mëschen de Choufleur zesummen mat de Rescht vun den Zutaten, addt d'Kachflëssegkeet wéi néideg.

Drëpsen iwwer e bëssen extra Olivenueleg wann Dir wëllt. Schéin Iessen!

einfach Zucchini Rollen

(Prett an ongeféier 10 Minutten | 5 Servéiert)

Pro Portioun: Kalorien: 99; Fett: 4,4g; Kuelenhydrater: 12,1g; Protein: 3,1g

Zutaten

1 dl Hummus, am léifsten selwergemaachten

1 mëttel Tomate gehackt

1 TL Moschter

1/4 TL Oregano

1/2 Tsp Cayenne Peffer

Mier Salz a Buedem schwaarz Peffer fir ze schmaachen

1 grouss Zucchini, a Sträifen geschnidden

2 EL gehackt fräsch Basil

2 Esslöffel gehackt fräsch Petersilie

Adressen

An enger Schossel kombinéieren den Hummus, Tomate, Senf, Oregano, Cayenne Peffer, Salz a schwaarze Peffer bis gutt kombinéiert.

Verdeelt d'Fëllung tëscht den Zucchinistreifen a verdeelt gläichméisseg. D'Zucchini oprollen a mat fréschem Basilikum a Petersilie garnéieren.

Schéin Iessen!

Chipotle Gromper Chips

(Prett an ongeféier 45 Minutten | 4 servéiert)

Pro Portioun: Kalorien: 186; Fett: 7,1 g; Kuelenhydrater: 29,6 g; Protein: 2,5g

Zutaten

4 mëttlere séiss Gromperen, geschält an a Stécker geschnidden

2 Esslöffel Erdnussöl

Mier Salz a Buedem schwaarz Peffer fir ze schmaachen

1 Teelöffel Chipotle Chili Pudder

1/4 Teelöffel Buedem allspice

1 TL brong Zucker

1 Tsp gedréchent Rosmarin

Adressen

Mix séiss Gromper Fritten mat de Rescht Zutaten.

Bake Är Fritten bei 375 Grad F fir ongeféier 45 Minutten oder bis gëllenbraun; gitt sécher d'Fritten eemol oder zweemol ze réieren.

Serve mat Ärer Liiblingsdipping Sauce, wann Dir wëllt. Schéin Iessen!

Cannellini Bean Zooss

(Prett an ongeféier 10 Minutten | 6 Portiounen)

Pro Portioun: Kalorien: 123; Fett: 4,5 g; Kuelenhydrater: 15,6 g; Protein: 5,6g

Zutaten

  10 Unzen cannellini Bounen cannellini, drainért

  1 fein gehackte Knuewelek

  2 Réischteren Paprika, geschnidden

  Frësch gemalen Mier schwaarze Peffer, fir ze schmaachen

  1/2 Teelöffel Buedem cumin

  1/2 Tsp Moschterkären

  1/2 Teelöffel Buedem Bucht Blieder

  3 Esslöffel Tahini

  2 Esslöffel frësch italienesch Petersilie, gehackt

Adressen

Setzt all Zutaten ausser Petersilie an der Schuel vun Ärem Mixer oder Liewensmëttelprozessor. Blitz bis gutt gemëscht.

Transfert d'Sauce an eng Déngschtbecher a garnéiert mat frëscher Petersilie.

Serve mat Pita Brout, Tortilla Chips oder Geméisstécker wann Dir wëllt. Genéisst!

Gegrillte Réischteren Choufleur

(Prett an ongeféier 25 Minutten | 6 Portiounen)

Pro Portioun: Kalorien: 115; Fett: 9,3 g; Kuelenhydrater: 6,9 g; Protein: 5,6g

Zutaten

1 ½ Pond Choufleur Blummen

1/4 Coupe Olivenueleg

4 Esslöffel Äppel Cider Esseg

2 Knuewelek, gepresst

1 TL gedréchent Basil

1 Tsp gedréchent Oregano

Mier Salz a Buedem schwaarz Peffer fir ze schmaachen

Adressen

Fänkt un mam Ofen op 420 Grad F ze erhëtzen.

Mix Choufleur Blummen mat de Rescht vun den Zutaten.

Setzt d'Blummenblummen op engem Pergament-gezeechent Bakblech. Bake de Choufleur-Blummen am virgehëtzten Ofen fir ongeféier 25 Minutten oder bis liicht verkierzt.

Schéin Iessen!

Liicht libanesche Toum

(Prett an ongeféier 10 Minutten | 6 Portiounen)

Pro Portioun: Kalorien: 252; Fett: 27g; Kuelenhydrater: 3,1 g; Protein: 0,4g

Zutaten

2 Knuewelek

1 TL grober Mieresalz

1½ dl Olivenueleg

1 frësch gepressten Zitroun

2 dl Muerten, a Matchstick geschnidden

Adressen

An Ärem Liewensmëttelprozessor, puree d'Knuewelekszéiwen a Salz an engem High-Speed-Mixer bis cremeg a glat, schrauwen d'Säiten vun der Schuel erof.

Lues a lues der Olivenueleg an Zitrounejus derbäi, ofwiesselnd tëscht dësen zwee Zutaten fir eng flauscheg Zooss ze kreéieren.

Mix bis d'Zooss déck ass. Serve mat Muertstécker a genéisst!

Avocado mat wierzegen Ingwer Dressing

(Prett an ongeféier 10 Minutten | 4 Servéiert)

Pro Portioun: Kalorien: 295; Fett: 28,2g; Kuelenhydrater: 11,3 g; Protein: 2,3g

Zutaten

2 Avocados, geschnidden an halbéiert

1 Knuewelek, gedréckt

1 Teelöffel fräschen Ingwer, geschält a fein gehackt

2 Esslöffel Balsamico Esseg

4 Esslöffel extra virgin Olivenueleg

Kosher Salz a Buedem schwaarz Peffer, fir ze schmaachen

Adressen

Huelt d'Avocado-Hälschent op engem Déngschtplat.

Mix Knuewelek, Ingwer, Esseg, Olivenueleg, Salz a schwaarze Peffer an enger klenger Schossel. Deelt d'Zooss tëscht den Avocado-Hälschen.

Schéin Iessen!

Chickpea Snack Mix

(Prett an ongeféier 30 Minutten | Servéiert 8)

Pro Portioun: Kalorien: 109; Fett: 7,9 g; Kuelenhydrater: 7,4 g; Protein: 3,4g

Zutaten

1 dl gebraten Kichererten, drainéiert

2 EL geschmoltenem Kokosnossueleg

1/4 Coupe réi Kürbiskerne

1/4 Coupe Matière Walnuss Hälften

1/3 Coupe gedréchent Kiischten

Adressen

Patt d'Chickpeas mat Pabeierhandtücher trocken. Dréckt d'Kichecher mat Kokosnossueleg.

Roast d'Kicherbëss an engem virgehëtzten 380 Grad F Ofen fir ongeféier 20 Minutten, réieren eemol oder zweemol.

Mix d'Kichererbussen mat de Kürbiskerne an d'Nësshalschen. Fuert weider ze baken bis d'Pecannëss parfüméierend sinn, ongeféier 8 Minutten; komplett ofkille loossen.

Füügt déi gedréchent Kiischten a réieren. Schéin Iessen!

Muhammara Sauce mat engem Twist

(Prett an ongeféier 35 Minutten | 9 servéiert)

Pro Portioun: Kalorien: 149; Fett: 11,5 g; Kuelenhydrater: 8,9 g; Protein: 2,4g

Zutaten

3 roude Paprika

5 Esslöffel Olivenueleg

2 gehackte Knuewelek

1 gehackt Tomate

3/4 Coupe Brout

2 Esslöffel Melasse

1 Teelöffel Buedem cumin

1/4 gedréchent Sonneblummenkären

1 Maras Peffer, gehackt

2 Esslöffel Tahini

Mier Salz a roude Peffer, fir ze schmaachen

Adressen

Fänkt un mam Ofen op 400 Grad F.

Setzt d'Pfeffer an eng Bakblech, déi mat Bakpabeier bedeckt ass. Bake fir ongeféier 30 Minutten; schielen d'Pfeffer an iwwerdroe se an Äre Liewensmëttelprozessor.

Mëttlerweil, Hëtzt 2 Esslöffel Olivenueleg an enger Bratpfanne iwwer mëttlerer Hëtzt. Saute Knuewel an Tomaten fir ongeféier 5 Minutten oder bis mëll.

Füügt d'geréischte Geméis an Äre Liewensmëttelprozessor. Füügt déi aner Zutaten a veraarbecht bis cremeg a glat.

Schéin Iessen!

Crostini mat Spinat, Chickpeas a Knuewelek

(Prett an ongeféier 10 Minutten | 6 Portiounen)

Pro Portioun: Kalorien: 242; Fett: 6,1 g; Kuelenhydrater: 38,5 g; Protein: 8,9g

Zutaten

1 baguette, geschnidden

4 Esslöffel extra virgin Olivenueleg

Mier Salz a roude Peffer, fir ze schmaachen

3 gehackte Knuewelek

1 dl gekachten Kichererten, drainéiert

2 dl Spinat

1 Esslöffel frësch Zitrounejus

Adressen

Äre Grill virhëtzen.

Pinsel d'Brout Scheiwen mat 2 Esslöffel Olivenueleg a sprëtzen mat Mier Salz a roude Peffer Flakelen. Plaz ënner virgehëtzten Broiler fir ongeféier 2 Minutten oder bis liicht geréischtert.

An enger Schossel grëndlech Mix Knuewelek, Chickpeas, Spinat, Zitrounejus, a verbleiwen 2 Zoppeläffel Olivenueleg.

Gidd d'Chickpea Mëschung iwwer all Stéck Toast. Schéin Iessen!

Mushroom "Meatballs" a Cannellini Bounen

(Fäerdeg an ongeféier 15 Minutten | Servéiert 4)

Pro Portioun: Kalorien: 195; Fett: 14,1g; Kuelenhydrater: 13,2g; Protein: 3,9g

Zutaten

4 Esslöffel Olivenueleg

1 Coupe gehackte Champignonen

1 fein gehackte Schalotten

2 Knuewelek, gehackt

1 Coupe Konserven oder gekachte Cannellini Bounen, drainért

1 Coupe gekachten Quinoa

Mier Salz a Buedem schwaarz Peffer fir ze schmaachen

1 TL gefëmmt Paprika

1/2 Teelöffel rout Peffer Flakelen

1 TL Moschter Somen

1/2 Teelöffel gedréchent Dill

Adressen

Heizen 2 Esslöffel Olivenueleg an enger Nonstick Pan. Wann et waarm ass, kachen d'Champignonen a Schalotten fir 3 Minutten oder bis mëll.

Knuewelek, Bounen, Quinoa a Gewierzer dobäi ginn. Mix fir gutt ze kombinéieren, da formt d'Mëschung a glat Kugelen mat geölten Hänn.

Als nächst waarm déi reschtlech 2 Esslöffel Olivenueleg an enger Nonstick Pan iwwer mëttlerer Hëtzt. Eemol waarm, frittéiert d'Fleeschbäll fir ongeféier 10 Minutten bis gëllenbraun op alle Säiten.

Serve mat Cocktailsticks. Schéin Iessen!

Gurken mat Hummus

(Prett an ongeféier 10 Minutten | 6 Portiounen)

Pro Portioun: Kalorien: 88; Fett: 3,6 g; Kuelenhydrater: 11,3 g; Protein: 2,6g

Zutaten

1 dl Hummus, am léifsten selwergemaachten

2 grouss Tomaten, geschnidden

1/2 Teelöffel rout Peffer Flakelen

Mier Salz a Buedem schwaarz Peffer fir ze schmaachen

2 Englesch Gurken, geschnidden

Adressen

Deelt d'Hummuszooss tëscht de Gurkenscheiwen.

Top se mat Tomaten; rout Peffer Flakelen, Salz a schwaarz Peffer iwwer all Gurken sprëtzen.

Serve ganz kal a genéisst!

Gefëllte Jalapeno Bites

(Prett an ongeféier 15 Minutten | 6 Portiounen)

Pro Portioun: Kalorien: 108; Fett: 6,6 g; Kuelenhydrater: 7,3 g; Protein: 5,3g

Zutaten

1/2 Coupe réi Sonneblummenkären, iwwer Nuecht erwächt an drainéiert

4 EL gehackt Zitroun

1 Teelöffel fein gehackte Knuewel

3 Esslöffel Ernärungshefe

1/2 Coupe Zwiebel Crème

1/2 Tsp Cayenne Peffer

1/2 Tsp Moschterkären

12 Jalapeños, halbéiert a gekierzt

1/2 Coupe Brout

Adressen

Vermëschen réi Sonneblummen Somen, Fréijoer Ënnen, Knuewelek, Ernährung Hefe, Zopp, Cayenne Peffer a Moschter Some an Ärem Liewensmëttel Prozessor oder Héich-Vitesse Mixer bis gutt kombinéiert.

Gidd d'Mëschung an d'Jalapeños a bedecken se mat Brout.

Bake an engem virgehëtzten 400 Grad F Ofen fir ongeféier 13 Minutten oder bis d'Pfeffer erweicht sinn. Serve waarm.

Schéin Iessen!

Mexikanesch Ënn Réng

(Prett an ongeféier 35 Minutten | 6 Portiounen)

Pro Portioun: Kalorien: 213; Fett: 10,6 g; Kuelenhydrater: 26,2g; Protein: 4,3g

Zutaten

2 mëttel Zwiebelen, a Réng geschnidden

1/4 Coupe Allzweck Miel

1/4 Coupe Spelt Miel

1/3 Coupe Rais Mëllech, ongesüßte

1/3 Coupe Al

Mier Salz a Buedem schwaarz Peffer, fir ze schmaachen

1/2 Tsp Cayenne Peffer

1/2 Tsp Moschterkären

1 dl Tortilla Chips, zerquetscht

1 Esslöffel Olivenueleg

Adressen

Fänkt un mam Ofen op 420 Grad F ze erhëtzen.

An enger flächeger Schossel mëschen d'Miel, d'Mëllech a de Béier zesummen.

Mix Gewierzer mat zerquetscht Tortilla Chips an enger anerer déif Schuel. Dredge Zwiebelringen an der Miel Mëschung.

Da rullt se iwwer d'Gewierzmëschung, dréckt erof fir gutt ze beschichten.

Setzt d'Zwiebelringen an eng Bakblech, déi mat Bakpabeier bedeckt ass. Pinsel mat Olivenueleg a baken fir ongeféier 30 Minutten. Schéin Iessen!

Réischteren Root Geméis

(Prett an ongeféier 35 Minutten | 6 Portiounen)

Pro Portioun: Kalorien: 261; Fett: 18,2g; Kuelenhydrater: 23,3 g; Protein: 2,3g

Zutaten

1/4 Coupe Olivenueleg

2 Karotten, geschält a geschnidden an 1 ½ Zoll Stécker

2 Pastinaken, geschält a geschnidden an 1 ½ Zoll Stécker

1 Steng Sellerie, geschält a geschnidden an 1 ½ Zoll Stécker

1 Pound séiss Kartoffel, geschält a geschnidden an 1 ½ Zoll Stécker

1/4 Coupe Olivenueleg

1 TL Moschter Somen

1/2 Teelöffel Basil

1/2 TL Oregano

1 TL roude Peffer Flakelen

1 Teelöffel gedréchent Thymian

Mier Salz a Buedem schwaarz Peffer fir ze schmaachen

Adressen

Gitt d'Geméis mat de Rescht vun den Zutaten bis gutt beschichtet.

Roast d'Geméis an engem virgehëtzten 400 Grad F Uewen fir ongeféier 35 Minutten, réieren hallef duerch d'Kachzäit.

Schmaacht, passt d'Gewierzer un a servéiert waarm. Schéin Iessen!

Indesche Stil Hummus Dip

(Prett an ongeféier 10 Minutten | 10 servéiert)

Pro Portioun: Kalorien: 171; Fett: 10,4 g; Kuelenhydrater: 15,3 g; Protein: 5,4g

Zutaten

20 Unzen Konserven oder gekachten Chickpeas, drainéiert

1 TL geschnidden Knuewel

1/4 Coupe Tahini

1/4 Coupe Olivenueleg

1 frësch gepressten Kalk

1/4 Teelöffel Kurkuma

1/2 Teelöffel Kuminpulver

1 TL Currypulver

1 TL Koriander Somen

1/4 Coupe flësseg Chickpeas, oder méi wéi néideg

2 EL frësche Koriander, gehackt

Adressen

Mix Kichererbsen, Knuewel, Tahini, Olivenueleg, Kalk, Kurkuma, Kummin, Currypulver a Koriander Somen an Ärem Mixer oder Liewensmëttelprozessor.

Mix op déi gewënschte Konsistenz, addéiere lues a lues d'Chickpea Flëssegkeet.

Plaz am Frigo bis prett fir ze servéieren. Garnéieren mat frësche Koriander.

Serve mat Naan Brout oder Geméisstécker wann Dir wëllt. Schéin Iessen!

Réischteren Bounen a Muert Dip

(Prett an ongeféier 55 Minutten | 10 servéiert)

Pro Portioun: Kalorien: 121; Fett: 8,3 g; Kuelenhydrater: 11,2g; Protein: 2,8g

Zutaten

1 ½ Pond Karotten, gehackt

2 Esslöffel Olivenueleg

4 Esslöffel Tahini

8 Eeërbecher cannellini Bounen, drainért

1 Teelöffel fein gehackte Knuewel

2 EL Zitrounejus

2 EL Sojazooss

Mier Salz a Buedem schwaarz Peffer fir ze schmaachen

1/2 Teelöffel Paprika

1/2 Teelöffel gedréchent Dill

1/4 Coupe Réischteren Pepitas

Adressen

Fänkt un andeems Dir den Ofen op 390 Grad F virhëtzt. Linn e Bakblech mat Pergamentpabeier.

Elo werfen d'Muerten mam Olivenueleg a setzen se op d'preparéiert Bakblech.

Grill Karotten fir ongeféier 50 Minutten oder bis mëll. Transfert d'geréischte Karotten an d'Schuel vun Ärem Liewensmëttelprozessor.

Füügt Tahini, Bounen, Knuewel, Zitrounejus, Sojazooss, Salz, Schwaarz Peffer, Paprika an Dill dobäi. Prozess bis Är Sauce cremeg a glat ass.

Garnéiert mat geréischten Pepitas a servéiert mat Panne vun Ärer Wiel. Schéin Iessen!

Schnell an einfach Zucchini Sushi

(Prett an ongeféier 10 Minutten | 5 Servéiert)

Pro Portioun: Kalorien: 129; Fett: 6,3 g; Kuelenhydrater: 15,9 g; Protein: 2,5g

Zutaten

1 Coupe gekachten Rais

1 gerappte Muert

1 kleng Zwiebel, gerappt

1 Avocado, gehackt

1 fein gehackte Knuewelek

Mier Salz a Buedem schwaarz Peffer fir ze schmaachen

1 mëttel Zucchini, a Sträifen geschnidden

Wasabi Sauce, fir ze servéieren

Adressen

An enger Schossel kombinéieren de Reis, Muert, Zwiebel, Avocado, Knuewel, Salz a schwaarze Peffer gutt.

Verdeelt d'Fëllung tëscht den Zucchinistreifen a verdeelt gläichméisseg. Roll d'Zucchini op a servéiert mat Wasabisauce.

Schéin Iessen!

Cherry Tomaten mat Hummus

(Bereet an ongeféier 10 Minutten | 8 servéiert)

Pro Portioun: Kalorien: 49; Fett: 2,5 g; Kuelenhydrater: 4,7 g; Protein: 1,3g

Zutaten

1/2 Coupe Hummus, am léifsten hausgemaachte

2 EL vegan Mayonnaise

1/4 Coupe gehackt Zitroun

16 Kiischten Tomaten, huelt de Pulp

2 EL gehackte frësche Koriander

Adressen

Mix Hummus, Mayonnaise a gréng Ënnen gutt an enger Schossel.

Deelt d'Hummus-Mëschung tëscht den Tomaten. Garnéieren mat fräsche Cilantro a servéieren.

Schéin Iessen!

Champignonen am Ofen

(Bereet an ongeféier 20 Minutten | 4 servéiert)

Pro Portioun: Kalorien: 136; Fett: 10,5 g; Kuelenhydrater: 7,6 g; Protein: 5,6g

Zutaten

1 ½ Pond Champignonen, gereinegt

3 Esslöffel Olivenueleg

3 gehackte Knuewelek

1 Tsp gedréchent Oregano

1 TL gedréchent Basil

1/2 Teelöffel gedréchent Rosmarin

Kosher Salz a Buedem schwaarz Peffer, fir ze schmaachen

Adressen

Mix Champignonen mat de verbleiwen Zutaten.

Setzt d'Pilze op engem Bakblech mat Bakpabeier.

Bake d'Pilze an engem virgehëtzten Ofen op 420 Grad fir ongeféier 20 Minutten oder bis mëll a parfüméierter.

Huelt d'Champignonen op engem Teller a servéiert mat Cocktailsticks. Schéin Iessen!

Kéiseg Kale Chips

(Gemaach an ongeféier 1 Stonn 30 Minutten | 6 Portiounen)

Pro Portioun: Kalorien: 121; Fett: 7,5 g; Kuelenhydrater: 8,4 g; Protein: 6,5g

Zutaten

1/2 Coupe Sonneblummenkären, iwwer Nuecht getippt an drainéiert

1/2 Coupe Cashewnëss, iwwer Nuecht erwächt an drainéiert

1/3 Coupe Nährwert Hef

2 EL Zitrounejus

1 TL Zwiebelpulver

1 TL Knuewelekpulver

1 Teelöffel Paprika

Mier Salz a Buedem schwaarz Peffer fir ze schmaachen

1/2 Coupe Waasser

4 dl Kale, a Stécker geschnidden

Adressen

Vermëschen déi réi Sonneblummen Somen, Cashews, Ernärungsheef, Zitrounejus, Zwiebelpulver, Knuewelpulver, Paprika, Salz, Buedem schwaarz Peffer a Waasser an Ärem Liewensmëttelprozessor oder Héichgeschwindegmixer bis gutt gemëscht.

Gidd d'Mëschung iwwer d'Kaleblieder a werfen bis gutt beschichtet.

Bake an engem virgehëtzten 220 Grad F Uewen fir ongeféier 1 Stonn an 30 Minutten oder bis knusprech.

Schéin Iessen!

Avocado Schëffer mat Hummus

(Prett an ongeféier 10 Minutten | 4 Servéiert)

Pro Portioun: Kalorien: 297; Fett: 21,2g; Kuelenhydrater: 23,9 g; Protein: 6g

Zutaten

1 Esslöffel frësch Zitrounejus

2 reife Avocadoen, halbéiert a geschnidden

8 Unzen Hummus

1 fein gehackte Knuewelek

1 mëttel Tomate gehackt

Mier Salz a Buedem schwaarz Peffer fir ze schmaachen

1/2 Tsp Kurkuma Pudder

1/2 Tsp Cayenne Peffer

1 Esslöffel Tahini

Adressen

Dréckt frësche Zitrounejus iwwer d'Avocado-Hälschen.

Kombinéieren Hummus, Knuewelek, Tomate, Salz, schwaarz Peffer, Kurkuma Pudder, Cayenne Peffer an Tahini. Gitt d'Fëllung an Ären Avocado.

Serve direkt.

Nacho gefëllte Champignonen

(Prett an ongeféier 25 Minutten | 5 Servéiert)

Pro Portioun: Kalorien: 210; Fett: 13,4g; Kuelenhydrater: 17,7 g; Protein: 6,9g

Zutaten

1 dl Tortilla Chips, zerquetscht

1 Coupe gekacht oder konservéiert schwaarz Bounen, drainért

4 EL vegan Botter

2 Esslöffel Tahini

4 EL gehackt Zitroun

1 Teelöffel fein gehackte Knuewel

1 gehackte jalapeno

1 Teelöffel Mexikanesch Oregano

1 TL Cayenne Peffer

Mier Salz a Buedem schwaarz Peffer fir ze schmaachen

15 mëttel Champignonen, gereinegt, ouni Stämm

Adressen

Mix all Zutaten, ausser Champignonen, grëndlech an enger Mëschbecher.

Deelt d'Nacho-Mëschung tëscht Äre Champignonen.

Bake am virgehëtzten 350 Grad F Uewen fir ongeféier 20 Minutten oder bis mëll a gekacht. Schéin Iessen!

Salade wraps mat Hummus an Avocado

(Prett an ongeféier 10 Minutten | 6 Portiounen)

Pro Portioun: Kalorien: 115; Fett: 6,9 g; Kuelenhydrater: 11,6 g; Protein: 2,6g

Zutaten

1/2 Coupe Hummus

1 gehackt Tomate

1 gerappte Muert

1 mëttleren Avocado, geschnidden a geschnidden

1 TL wäiss Esseg

1 TL Sojazooss

1 TL Agave Sirop

1 Esslöffel Sriracha Zooss

1 Teelöffel fein gehackte Knuewel

1 TL frësch geriwwe Ingwer

Kosher Salz a Buedem schwaarz Peffer, fir ze schmaachen

1 Kapp vun Botter Zalot, ënnerdeelt an Blieder

Adressen

Mix Hummus, Tomate, Muert an Avocado gutt. Kombinéieren wäiss Esseg, Sojazooss, Agave Sirop, Sriracha Zooss, Knuewelek, Ingwer, Salz a schwaarz Peffer.

Deelt d'Fëllung tëscht Salatblieder, rullt op a servéiert mat Zooss op der Säit.

Schéin Iessen!

Réischteren Bréissel Sprossen

(Prett an ongeféier 35 Minutten | 6 Portiounen)

Pro Portioun: Kalorien: 151; Fett: 9,6 g; Kuelenhydrater: 14,5 g; Protein: 5,3g

Zutaten

 2 Pond Bréissel Sprossen

 1/4 Coupe Olivenueleg

 Grof Mier Salz a Buedem schwaarz Peffer fir ze schmaachen

 1 TL roude Peffer Flakelen

 1 Tsp gedréchent Oregano

 1 TL gedréchent Petersilie

 1 TL Moschter Somen

Adressen

Gitt d'Bréissel Sprossen mat de Rescht vun den Zutaten bis gutt beschichtet.

Roast d'Geméis an engem virgehëtzten 400 Grad F Uewen fir ongeféier 35 Minutten, réieren hallef duerch d'Kachzäit.

Schmaacht, passt d'Gewierzer un a servéiert waarm. Schéin Iessen!

Poblano Séiss Kartoffel Poppers

(Prett an ongeféier 25 Minutten | 7 Portiounen)

Pro Portioun: Kalorien: 145; Fett: 3,6 g; Kuelenhydrater: 24,9 g; Protein: 5,3g

Zutaten

1/2 Pound Choufleur, geschnidden a geschnidden

1 Pound séiss Kartoffel, geschleeft a geschnidden

1/2 Coupe Cashew Mëllech, net séiss

1/4 Coupe vegan Mayonnaise

1/2 Teelöffel Currypulver

1/2 Tsp Cayenne Peffer

1/4 Teelöffel gedréchent Dill

Schwaarz Peffer aus dem Mier a Buedem, fir ze schmaachen

1/2 Coupe frësch Brout

14 frësch Poblano Peppers, halbéiert, gesaat

Adressen

Damp de Choufleur a séiss Kartoffel fir ongeféier 10 Minutten oder bis d'Mëllung. Maacht se elo mat der Cashew Mëllech.

Füügt vegan Mayonnaise, Curry, Cayenne Peffer, Dill, Salz a schwaarze Peffer dobäi.

Gidd d'Mëschung an d'Pfeffer a bedecken se mat Brout.

Bake an engem virgehëtzten 400 Grad F Ofen fir ongeféier 13 Minutten oder bis d'Pfeffer erweicht sinn.

Schéin Iessen!

Gebakene Zucchini Chips

(Gemaach an ongeféier 1 Stonn 30 Minutten | Servéiert 7)

Pro Portioun: Kalorien: 48; Fett: 4,2g; Kuelenhydrater: 2g; Protein: 1,7g

Zutaten

1 Pound Zucchini, geschnidden 1/8 Zoll déck

2 Esslöffel Olivenueleg

1/2 Tsp gedréchent Oregano

1/2 Teelöffel gedréchent Basil

1/2 Teelöffel rout Peffer Flakelen

Mier Salz a Buedem schwaarz Peffer fir ze schmaachen

Adressen

Mix d'Zucchini mat de Rescht Zutaten.

Arrangéiert d'Zucchini Scheiwen an enger eenzeger Schicht op engem Pergament-gezeechent Bakblech.

Bake bei 235 Grad F fir ongeféier 90 Minutten bis knusprech a gëllen. D'Zucchini Chips ginn crunchy wéi se ofkillen.

Schéin Iessen!

authentesch libanesche Zooss

(Prett an ongeféier 10 Minutten | servéiert 12)

Pro Portioun: Kalorien: 117; Fett: 6,6 g; Kuelenhydrater: 12,2g; Protein: 4,3g

Zutaten

2 (15-Unze) Dosen Garbanzo Bounen / Garbanzo Bounen

4 Esslöffel Zitrounejus

4 Esslöffel Tahini

2 Esslöffel Olivenueleg

1 Teelöffel Ingwer-Knuewelek Paste

1 Teelöffel libanesche 7-Gewierz Mëschung

Mier Salz a Buedem schwaarz Peffer fir ze schmaachen

1/3 Coupe flësseg Chickpeas

Adressen

Mix Chickpeas, Zitrounejus, Tahini, Olivenueleg, Ingwer-Knuewelek Paste a Gewierzer an Ärem Mixer oder Liewensmëttelprozessor.

Mix op déi gewënschte Konsistenz, addéiere lues a lues d'Chickpea Flëssegkeet.

Plaz am Frigo bis prett fir ze servéieren. Serve mat Geméisstécker wann Dir wëllt. Schéin Iessen!

Vegan Oatmeal Fleeschbäll

(Färdeg an ongeféier 15 Minutten | Servéiert 4)

Pro Portioun: Kalorien: 284; Fett: 10,5 g; Kuelenhydrater: 38,2 g; Protein: 10,4g

Zutaten

1 Coupe Haferflocken

1 Coupe gekachten oder Konserven Chickpeas

2 gehackte Knuewelek

1 TL Zwiebelpulver

1/2 Teelöffel Kuminpulver

1 Teelöffel gedréchent Petersilie Flakelen

1 Teelöffel gedréchent Marjoram

1 EL Chia Somen, an 2 EL Waasser getippt

E puer Drëpsen vu flëssege Damp

Mier Salz a frësch gemalen schwaarze Peffer fir ze schmaachen

2 Esslöffel Olivenueleg

Adressen

Mix d'Ingredienten gutt, ausser Olivenueleg. Mix fir gutt ze kombinéieren, da formt d'Mëschung a glat Kugelen mat geölten Hänn.

Als nächst, Hëtzt d'Olivenueleg an enger Nonstick Pan iwwer mëttlerer Hëtzt. Eemol waarm, frittéiert d'Fleeschbäll fir ongeféier 10 Minutten bis gëllenbraun op alle Säiten.

D'Fleeschbäll op engem Déngschtplat leeën a mat Cocktailstécker servéieren. Schéin Iessen!

Paprikabooter mat Mangozooss

(Fäerdeg an ongeféier 5 Minutten | Servéiert 4)

Pro Portioun: Kalorien: 74; Fett: 0,5 g; Kuelenhydrater: 17,6 g; Protein: 1,6g

Zutaten

1 Mango, schielen, geschnidden a geschnidden

1 kleng Schalotten, fein gehackt

2 EL frësche Koriander, gehackt

1 roude Chili, kär a fein gehackt

1 Esslöffel frësch Zitrounejus

4 Paprika, geschnidden an halbéiert

Adressen

Mix Mango, Schalotten, Koriander, roude Peffer a Zitrounejus gutt.

Gidd d'Mëschung an d'Hälschent vu Paprika a servéiert direkt.

Schéin Iessen!

Spicy Rosemary Broccoli Blummen

(Prett an ongeféier 35 Minutten | 6 Portiounen)

Pro Portioun: Kalorien: 135; Fett: 9,5 g; Kuelenhydrater: 10,9 g; Protein: 4,4g

Zutaten

2 Pond Broccoli Blummen

1/4 Coupe extra virgin Olivenueleg

Mier Salz a Buedem schwaarz Peffer fir ze schmaachen

1 Teelöffel Ingwer-Knuewelek Paste

1 Esslöffel fein gehackte frësche Rosmarin

1/2 Teelöffel Zitrouneschuel

Adressen

Gitt de Broccoli mat de Rescht vun den Zutaten bis gutt beschichtet.

Roast d'Geméis an engem virgehëtzten 400 Grad F Uewen fir ongeféier 35 Minutten, réieren hallef duerch d'Kachzäit.

Schmaacht, passt d'Gewierzer un a servéiert waarm. Schéin Iessen!

Crispy gebakene Beet Chips

(Prett an ongeféier 35 Minutten | 6 Portiounen)

Pro Portioun: Kalorien: 92; Fett: 9,1 g; Kuelenhydrater: 2,6 g; Protein: 0,5g

Zutaten

2 Rüben, geschleeft a geschnidden 1/8 Zoll déck

1/4 Coupe Olivenueleg

Mier Salz a Buedem schwaarz Peffer fir ze schmaachen

1/2 Teelöffel rout Peffer Flakelen

Adressen

Mixen d'Rübe Scheiwen mat de Rescht Zutaten.

Setzt d'Rübe Scheiwen an enger eenzeger Schicht op engem Bakblech mat Bakpabeier.

Bake bei 400 Grad F fir ongeféier 30 Minutten bis knusprech. Schéin Iessen!

Hausgemaachte Schockela mat Kokosnoss a Rosinen

(Prett an ongeféier 10 Minutten + Ofkillungszäit | 20 servéiert)

Pro Portioun: Kalorien: 130; Fett: 9,1 g; Kuelenhydrater: 12,1g; Protein: 1,3g

Zutaten

- 1/2 Coupe Kakao Botter, geschmoltenem
- 1/3 Coupe Erdnussbotter
- 1/4 Coupe Agave Sirop
- Eng Prise geriwwe Muskat
- Eng Prise vu grober Salz
- 1/2 Tsp Vanilleextrakt
- 1 dl dréchen Kokosnoss, gerappt
- 6 Unzen donkel Schockela, gehackt
- 3 Unzen Rosinen

Adressen

Mix all Zutaten ausser Schockela gröndlech an enger Schossel.

Gidd d'Mëschung an d'Schimmel. Ofkille loossen.

Schmelzen den donkelen Schockela an Ärer Mikrowelle. Gitt geschmoltenem Schockela fir d'Fëllungen ze decken. Ofkille loossen.

Genéisst!

Liicht Mokka Fudge

(Gemaach an ongeféier 1 Stonn an 10 Minutten | 20 Portiounen)

Pro Portioun: Kalorien: 105; Fett: 5,6 g; Kuelenhydrater: 12,9 g; Protein: 1,1 g

Zutaten

1 Coupe zerquetscht Kichelcher

1/2 Coupe Mandel Botter

1/4 Coupe Agave Nektar

6 Unzen donkel Schockela, a Stécker gebrach

1 TL Instant Kaffi

Eng Prise geriwwe Muskat

eng Prise Salz

Adressen

Zeilen eng grouss Schacht mat Bakpabeier.

Schmelzen de Schockela an Ärer Mikrowelle a fügen déi aner Zutaten dobäi; réieren fir gutt ze mëschen.

Setzt den Teig op e Bakblech mat Bakpabeier. Setzt et an de Frigo fir op d'mannst 1 Stonn fir ze setze.

A Quadrate schneiden a servéieren. Schéin Iessen!

Mandel a Schockela Kichelcher

(Prett an ongeféier 40 Minutten | 10 servéiert)

Pro Portioun: Kalorien: 295; Fett: 17g; Kuelenhydrater: 35,2 g; Protein: 1,7g

Zutaten

1/2 Coupe Mandel Botter

1/4 Coupe geschmoltenem Kokosnossueleg

1/4 Coupe Agave Sirop

1 TL Vanilleextrakt

1/4 Tsp Meersalz

1/4 Teelöffel gerappte Muskat

1/2 Teelöffel Buedem Kanéil

2 Coupe Mandel Miel

1/4 Coupe Leinsamen Iessen

1 dl vegan Schockela, a Stécker geschnidden

1 1/3 dl gemalen Mandelen

2 Esslöffel Kakaopulver

1/4 Coupe Agave Sirop

Adressen

An enger Schossel kombinéieren Mandelbotter, Kokosnossueleg, 1/4 Coupe Agave Sirop, Vanille, Salz, Muskat a Zimt bis gutt kombinéiert.

Lues a lues Mandelmiel a Leinsammiel addéieren a réieren fir ze kombinéieren. D'Schockelachips derbäisetzen an erëm réieren.

An enger klenger Schossel kombinéieren d'Mandelen, Kakaopulver an Agave Sirop. Elo verdeelt d'Ganache iwwer de Kuch. Afréiere fir ongeféier 30 Minutten, schneiden a Baren a servéiere ganz kal. Genéisst!

Mandel Botter Cookien

(Prett an ongeféier 45 Minutten | 10 servéiert)

Pro Portioun: Kalorien: 197; Fett: 15,8g; Kuelenhydrater: 12,5 g; Protein: 2,1g

Zutaten

3/4 Coupe Allzweck Miel

1/2 Tsp Bakpulver

1/4 Teelöffel Kosher Salz

1 Lein Ee

1/4 Coupe Kokosnossueleg, bei Raumtemperatur

2 EL Mandel Mëllech

1/2 Coupe brong Zocker

1/2 Coupe Mandel Botter

1/2 Teelöffel Buedem Kanéil

1/2 Teelöffel Vanille

Adressen

An enger Schossel kombinéieren Miel, Bakpulver a Salz.

An enger anerer Schossel kombinéieren d'Lein Eeër, Kokosnossueleg, Mandelmëllech, Zocker, Mandelbotter, Zimt a Vanille. Füügt déi naass Mëschung un déi trocken Zutaten a réieren bis gutt kombinéiert.

Setzt den Teig an de Frigo fir ongeféier 30 Minutten. Form den Teig a kleng Kuchen a setzen se op e Bakblech mat Bakpabeier.

Bake an engem virgehëtzten 350 Grad F Uewen fir ongeféier 12 Minutten. Transfert de Bratpfanne op e Drahtrack fir op Raumtemperatur ze killen. Schéin Iessen!

Erdnussbotter Oat Bars

(Prett an ongeféier 25 Minutten | 20 servéiert)

Pro Portioun: Kalorien: 161; Fett: 10,3g; Kuelenhydrater: 17,5 g; Protein: 2,9g

Zutaten

1 dl vegan Botter

3/4 Coupe Kokosnoss Zocker

2 Esslöffel Äppel

1¾ dl almodesch Hafer

1 TL Bakpulver

Eng Prise Mieresalz

Eng Prise geriwwe Muskat

1 Tsp pure Vanilleextrakt

1 Coupe Haferflocken

1 Coupe Allzweck Miel

Adressen

Fänkt un mam Ofen op 350 Grad F.

Mix déi trocken Zutaten gutt an enger Schossel. An enger anerer Schossel kombinéieren déi naass Zutaten.

Da réieren déi naass Mëschung an déi dréchen Zutaten; gutt mixen.

Verdeelt d'Battermëschung an engem quadrateschen Bakblech, deen mat Bakpabeier bedeckt ass. Bake am virgehëtzten Ofen fir ongeféier 20 Minutten. Genéisst!

Halschent Vanille Fudge

(Prett an ongeféier 10 Minutten + Ofkillungszäit | 16 Portiounen)

Pro Portioun: Kalorien: 106; Fett: 9,8 g; Kuelenhydrater: 4,5 g; Protein: 1,4g

Zutaten

1/2 Coupe Kakao Botter

1/2 Coupe Tahini

8 Datumen, pitted

1/4 Teelöffel Buedem Nelken

Eng Prise geriwwe Muskat

Eng Prise vu grober Salz

1 TL Vanilleextrakt

Adressen

Fuert e quadrateschen Schacht mat Bakpabeier.

Mix d'Ingredienten bis alles gutt gemëscht ass.

Gidd de Batter an d'Bakpapier gezeechent Form. Plaz an de Frigo bis prett fir ze servéieren. Schéin Iessen!

Raw Schockela a Mango Kuch

(Prett an ongeféier 10 Minutten + Ofkillungszäit | 16 Portiounen)

Pro Portioun: Kalorien: 196; Fett: 16,8g; Kuelenhydrater: 14,1 g; Protein: 1,8g

Zutaten

Avocado Layer:

3 reife Avocadoen, ausgeschnidden a geschält

Eng Prise Mieresalz

Eng Prise Buedem Anis

1/2 Tsp Vanillepaste

2 Esslöffel Kokosnoss Mëllech

5 Esslöffel Agave Sirop

1/3 Coupe Kakaopulver

Crème Schicht:

1/3 Coupe Mandel Botter

1/2 Coupe Kokosnoss Crème

1 mëttelméisseg geschält Mango

1/2 Kokosnoss Flakelen

2 Esslöffel Agave Sirop

Adressen

An Ärem Liewensmëttelprozessor, vermëschen d'Avocadoschicht bis glat an eenheetlech; Reservatioun.

Dann déi zweet Schicht an enger separater Schossel mëschen. Setzt d'Schichten an e liicht geschmierte Bakblech.

Transfert de Kuch an de Frigo fir ongeféier 3 Stonnen. Store an Ärem Frigo. Schéin Iessen!

Schéin Schockela Crème

(Prett an ongeféier 10 Minutten | Servéiert 1)

Pro Portioun: Kalorien: 349; Fette: 2,8; Kuelenhydrater: 84,1g; Protein: 4,8g

Zutaten

2 gefruer Bananen, geschleeft a geschnidden

2 Esslöffel Kokosnoss Mëllech

1 Teelöffel Carob Pudder

1 TL Kakaopulver

Eng Prise geriwwe Muskat

1/8 Teelöffel Buedem Kardamom

1/8 Tsp Buedem Kanéil

1 EL Schockela Curls

Adressen

Setzt all Zutaten an d'Schuel vun Ärem Liewensmëttelprozessor oder Mixer.

Stir d'Ingredienten bis se cremeg sinn oder bis déi gewënschte Konsistenz erreecht gëtt.

Serve direkt oder späicheren am Frigo.

Schéin Iessen!

réi Himbeer Kéisekuch

(Prett an ongeféier 15 Minutten + Ofkillungszäit | 9 servéiert)

Pro Portioun: Kalorien: 385; Fette: 22,9; Kuelenhydrater: 41,1 g; Protein: 10,8g

Zutaten

Bark:

2 Coupe Mandelen

1 dl frësch Datteln, ausgeschnidden

1/4 Tsp Buedem Kanéil

Fëllung:

2 dl réi Cashewnëss, iwwer Nuecht erwächt an drainéiert

14 Unzen Bromberen, gefruer

1 Esslöffel frësch Zitrounejus

1/4 Tsp kristalliséierte Ingwer

1 Dose Kokosnoss Crème

8 frësch Datumen, pitted

Adressen

An Ärem Liewensmëttelprozessor, vermëschen d'Krust Zutaten bis d'Mëschung zesumme kënnt; dréckt d'Krust an eng liicht geschmiert Springform.

Dann mëschen d'Füllschicht bis komplett glat. Gitt d'Fëllung iwwer d'Basis, schaaft eng flaach Uewerfläch mat engem Spatel.

Transfert de Kuch an de Frigo fir ongeféier 3 Stonnen. Store an Ärem Frigo.

Garnéieren mat Bio Zitrusschielen. Schéin Iessen!

Mini Zitroun Taarten

(Prett an ongeféier 15 Minutten + Ofkillungszäit | 9 servéiert)

Pro Portioun: Kalorien: 257; Fette: 16,5; Kuelenhydrater: 25,4g; Protein: 4g

Zutaten

1 Coupe Cashewnëss

1 Coupe Datumen, pitted

1/2 Coupe Kokosnoss Flakelen

1/2 Tsp Buedem Anis

3 frësch gepressten Zitrounen

1 Coupe Kokosnoss Crème

2 Esslöffel Agave Sirop

Adressen

Pinsel eng Muffinform mat Nonstick Kachueleg.

Mix Cashews, Dates, Kokosnoss an Anis an Ärem Liewensmëttelprozessor oder Héichgeschwindegmixer. Dréckt d'Krust an eng Muffinform mat Peffer.

Dann d'Zitroun, d'Kokosnosscreme an d'Agavesirop vermëschen. Gidd d'Crème an d'Muffinform.

Store an Ärem Frigo. Schéin Iessen!

Fluffy Kokosnoss Blondies mat Rosinen

(Prett an ongeféier 30 Minutten | 9 servéiert)

Pro Portioun: Kalorien: 365; Fette: 18,5; Kuelenhydrater: 49g; Protein: 2,1g

Zutaten

1 Coupe Kokosnoss Miel

1 Coupe Allzweck Miel

1/2 Tsp Bakpulver

1/4 Tsp Salz

1 Coupe getrocknegt Kokosnoss, net séiss

3/4 Coupe vegan Botter, erweicht

1 ½ dl brong Zucker

3 Esslöffel Äppel

1/2 Tsp Vanilleextrakt

1/2 Tsp Buedem Anis

1 dl Rosinen, 15 Minuten gedämpft

Adressen

Fänkt un andeems Dir den Ofen op 350 Grad F virhëtzt. Pinsel e Bakblech mat Nonstick Kachöl.

Mix Miel, Bakpulver, Salz a Kokosnoss gutt. Mix Botter, Zocker, Äppel, Vanille an Anis an enger anerer Schossel. Botter Mëschung ze dréchen Zutate; réieren fir gutt ze mëschen.

D'Rosinen dobäi ginn. Dréckt den Teig an d'preparéiert Bakform.

Bake fir ongeféier 25 Minutten oder bis an der Mëtt gesat. Setzt de Kuch op engem Drahtrack fir liicht ze killen.

Schéin Iessen!

liicht Schockela Plaze

(Gemaach an ongeféier 1 Stonn an 10 Minutten | 20 Portiounen)

Pro Portioun: Kalorien: 187; Fett: 13,8g; Kuelenhydrater: 15,1 g; Protein: 2,9g

Zutaten

1 dl Cashew Botter

1 dl Mandelbotter

1/4 Coupe geschmoltenem Kokosnossueleg

1/4 Coupe Matière Kakao Pudder

2 Unzen donkel Schockela

4 Esslöffel Agave Sirop

1 TL Vanillepaste

1/4 Tsp Buedem Kanéil

1/4 Teelöffel Buedem Nelken

Adressen

Veraarbecht all Zutaten an Ärem Mixer bis glat a glat.

Setzt den Teig op e Bakblech mat Bakpabeier. Setzt et an de Frigo fir op d'mannst 1 Stonn fir ze setze.

A Quadrate schneiden a servéieren. Schéin Iessen!

Schockela Raisin Cookien

(Prett an ongeféier 40 Minutten | 10 servéiert)

Pro Portioun: Kalorien: 267; Fett: 2,9 g; Kuelenhydrater: 61,1 g; Protein: 2,2g

Zutaten

1/2 Coupe Erdnussbotter, bei Raumtemperatur

1 Coupe Agave Sirop

1 Tsp pure Vanilleextrakt

1/4 Teelöffel Kosher Salz

2 Coupe Mandel Miel

1 TL Bakpulver

1 Coupe Rosinen

1 dl vegan Schockela, a Stécker gebrach

Adressen

Mix Erdnussbotter, Agave Sirop, Vanille a Salz an enger Schossel.

Lues a lues Mandel Miel a Bakpulver derbäi a réieren fir ze kombinéieren. D'Rosinen an d'Schockelachips derbäisetzen a nach eng Kéier réieren.

Afréiere fir ongeféier 30 Minutten a servéiere ganz kal. Genéisst!

Mandel Granola Baren

(Prett an ongeféier 25 Minutten | 12 servéiert)

Pro Portioun: Kalorien: 147; Fett: 5,9 g; Kuelenhydrater: 21,7 g; Protein: 5,2g

Zutaten

1/2 dl Spelt Miel

1/2 Coupe Haferflocken

1 Coupe Haferflocken

1 TL Bakpulver

1/2 TL Zimt

1/2 Teelöffel Buedem Kardamom

1/4 Tsp frësch geriwwe Muskat

1/8 Teelöffel Kosher Salz

1 Coupe Mandel Mëllech

3 Esslöffel Agave Sirop

1/2 Coupe Erdnussbotter

1/2 Coupe Äppel

1/2 Tsp pure Mandelextrakt

1/2 Tsp pure Vanilleextrakt

1/2 Coupe geschnidden Mandelen

Adressen

Fänkt un mam Ofen op 350 Grad F.

An enger Schossel kombinéieren d'Miel, Haferflocken, Bakpulver a Gewierzer gutt. An enger anerer Schossel kombinéieren déi naass Zutaten.

Da réieren déi naass Mëschung an déi dréchen Zutaten; gutt mixen. Füügt déi geschnidden Mandelen.

Gidd d'Battermëschung an e Bakform mat Pergament. Bake am virgehëtzten Ofen fir ongeféier 20 Minutten. Loosst op engem Drahtrack ofkillen. Schneid a Baren a genéisst!

flauscheg Kokosnoss Cookien

(Prett an ongeféier 40 Minutten | 10 servéiert)

Pro Portioun: Kalorien: 136; Fett: 7,3 g; Kuelenhydrater: 15,6 g; Protein: 1,6g

Zutaten

1/2 Coupe Haferflocken

1/2 Coupe Allzweck Miel

1/2 Tsp Bakpulver

eng Prise Salz

1/4 Teelöffel gerappte Muskat

1/2 Tsp Buedem Nelken

1/2 Teelöffel Buedem Kanéil

4 Esslöffel Kokosnossueleg

2 Esslöffel Hafermilch

1/2 Coupe Kokosnoss Zocker

1/2 Coupe Kokosnoss Flakelen, net séiss

Adressen

An enger Schossel kombinéieren d'Miel, Bakpulver a Gewierzer.

An enger anerer Schossel kombinéieren Kokosnossueleg, Hafermëllech, Zocker a Kokosnoss. Füügt déi naass Mëschung un déi trocken Zutaten a réieren bis gutt kombinéiert.

Setzt den Teig an de Frigo fir ongeféier 30 Minutten. Form den Teig a kleng Kuchen a setzen se op e Bakblech mat Bakpabeier.

Bake an engem virgehëtzten 330 Grad F Ofen fir ongeféier 10 Minutten. Transfert de Bratpfanne op e Drahtrack fir op Raumtemperatur ze killen. Schéin Iessen!

Raw Nëss a Berry Pie

(Prett an ongeféier 10 Minutten + Ofkillungszäit | 8 servéiert)

Pro Portioun: Kalorien: 244; Fett: 10,2g; Kuelenhydrater: 39g; Protein: 3,8g

Zutaten

Bark:

1 ½ dl Buedem Nëss

2 EL Ahornsirop

1/4 Coupe Matière Kakao Pudder

1/4 Tsp Buedem Kanéil

Eng Prise vu grober Salz

Eng Prise frësch geriwwe Muskat

Lager:

6 dl gemëscht Beeren

2 gefruer Bananen

1/2 Coupe Agave Sirop

Adressen

An Ärem Liewensmëttelprozessor, vermëschen d'Krust Zutaten bis d'Mëschung zesumme kënnt; dréckt d'Krust an e liicht geschmierte Bakform.

Da mëschen d'Beerenschicht an. Setzt d'Beeren iwwer d'Krust, schaaft eng flaach Uewerfläch mat engem Spatel.

Transfert de Kuch an de Frigo fir ongeféier 3 Stonnen. Store an Ärem Frigo. Schéin Iessen!

dreemen Schockela Bäll

(Prett an ongeféier 10 Minutten + Ofkillungszäit | 8 servéiert)

Pro Portioun: Kalorien: 107; Fett: 7,2g; Kuelenhydrater: 10,8 g; Protein: 1,8g

Zutaten

3 Esslöffel Kakaopulver

8 frësch Dattelen, gedämpft a 15 Minuten getrëppelt

2 Esslöffel Tahini, bei Raumtemperatur

1/2 Teelöffel Buedem Kanéil

1/2 Coupe vegan Schockela, a Stécker gebrach

1 Esslöffel Kokosnossueleg, bei Raumtemperatur

Adressen

Kakaopulver, Datteln, Tahini a Zimt an d'Schuel vun Ärem Liewensmëttelprozessor addéieren. Veraarbecht bis d'Mëschung e Ball mécht.

Benotzt e Cookie-Scoop fir d'Mëschung an 1-Unze Portiounen ze trennen. Roll d'Bäll op a setzt op d'mannst 30 Minutten am Frigo.

Mëttlerweil, Mikrowelle Schockela bis geschmoltenem; der Kokosnossueleg derbäi a schëdden fir gutt ze kombinéieren.

Taucht d'Schockelakugelen an d'Beschichtung a späicheren am Frigo bis se prett sinn fir ze servéieren. Schéin Iessen!

lescht Minutt Macaroons

(Prett an ongeféier 15 Minutten | 10 servéiert)

Pro Portioun: Kalorien: 125; Fett: 7,2g; Kuelenhydrater: 14,3 g; Protein: 1,1 g

Zutaten

- 3 dl Kokosnossflakken, séiss
- 9 Unzen Konserven Kokosnoss Mëllech, séiss
- 1 TL Buedem Anis
- 1 TL Vanilleextrakt

Adressen

Fänkt un, den Ofen op 325 Grad F ze erhëtzen. Linn Bakplacke mat Pergamentpapier.

Mix all d'Ingredienten gutt bis alles gutt gemëscht ass.

Benotzt e Cookie-Scoop fir Hënn vu Batter op déi preparéiert Kichelcher ze falen.

Bake fir ongeféier 11 Minutten bis se liicht gëllen sinn. Schéin Iessen!

al äusgeleiert Ratafias

(Prett an ongeféier 20 Minutten | 8 Servéiert)

Pro Portioun: Kalorien: 272; Fett: 16,2g; Kuelenhydrater: 28,6 g; Protein: 5,8g

Zutaten

2 Unzen Allzweck Miel

2 Unzen Mandel Miel

1 TL Bakpulver

2 Esslöffel Äppel

5 Unzen granuléiert Zocker

1 ½ Unze vegan Botter

4 Drëpsen Ratafia Essenz

Adressen

Fänkt un andeems Dir den Ofen op 330 Grad F. Zeilen e Bakblech mat Pergamentpabeier.

Mix all d'Ingredienten gutt bis alles gutt gemëscht ass.

Benotzt e Kichelcher fir Hënn vum Teig op d'preparéiert Bakblech ze falen.

Bake fir ongeféier 15 Minutten bis se liicht gëllen sinn. Schéin Iessen!

Jasmine Reispudding mat gedréchent Aprikosen

(Bereet an ongeféier 20 Minutten | 4 servéiert)

Pro Portioun: Kalorien: 300; Fett: 2,2g; Kuelenhydrater: 63,6g; Protein: 5,6g

Zutaten

1 dl Jasminreis, gespullt

1 Taass Waasser

1 Coupe Mandel Mëllech

1/2 Coupe brong Zocker

eng Prise Salz

Eng Prise geriwwe Muskat

1/2 Coupe gedréchent Aprikosen, gehackt

1/4 Tsp Buedem Kanéil

1 TL Vanilleextrakt

Adressen

Füügt de Reis a Waasser an eng Kasseroll. Deckt d'Pan a léisst d'Waasser kachen.

Hëtzt op niddereg reduzéieren; loosst et nach 10 Minutten kachen bis all d'Waasser absorbéiert ass.

Da fügen déi aner Zutaten derbäi a réieren fir ze kombinéieren. Simmer fir eng aner 10 Minutten oder bis de Pudding verdickt ass. Schéin Iessen!

deeglech Energie Baren

(Prett an ongeféier 35 Minutten | 16 servéiert)

Pro Portioun: Kalorien: 285; Fett: 17,1 g; Kuelenhydrater: 30g; Protein: 5,1g

Zutaten

1 dl vegan Botter

1 Coupe brong Zocker

2 Esslöffel Agave Sirop

2 dl almoudesch Haferflocken

1/2 Coupe geschnidden Mandelen

1/2 Coupe gehackt Walnuss

1/2 Coupe gedréchent Johannisbeeren

1/2 Coupe Pepitas

Adressen

Fänkt un, den Ofen op 320 Grad F ze erhëtzen. Linn e Bakblech mat Pergamentpapier oder Silpatmat.

Mix all d'Ingredienten gutt bis alles gutt gemëscht ass.

Verdeelt d'Mëschung iwwer d'preparéiert Bakblech mat engem breede Spatel.

Bake fir ongeféier 33 Minutten oder bis gëllenbraun. Mat engem scharfen Messer a Baren schneiden a genéisst!

rau Kokosnoss Glace

(Prett an ongeféier 10 Minutten + Ofkillungszäit | 2 servéiert)

Pro Portioun: Kalorien: 388; Fett: 7,7 g; Kuelenhydrater: 82g; Protein: 4,8g

Zutaten

4 iwwerripe Bananen, gefruer

4 Esslöffel Kokosnoss Mëllech

6 frësch Datumen, pitted

1/4 Tsp pure Kokosnossextrakt

1/2 Tsp pure Vanilleextrakt

1/2 Coupe Kokosnoss Flakelen

Adressen

Setzt all Zutaten an d'Schuel vun Ärem Liewensmëttelprozessor oder Mixer.

Stir d'Ingredienten bis se cremeg sinn oder bis déi gewënschte Konsistenz erreecht gëtt.

Serve direkt oder späicheren am Frigo.

Schéin Iessen!

Schockela an Haselnuss Fudge

(Gemaach an ongeféier 1 Stonn an 10 Minutten | 20 Portiounen)

Pro Portioun: Kalorien: 127; Fett: 9g; Kuelenhydrater: 10,7 g; Protein: 2,4g

Zutaten

1 dl Cashew Botter

1 dl frësch Datteln, ausgeschnidden

1/4 Coupe Kakaopulver

1/4 Teelöffel Buedem Nelken

1 TL Matcha Pudder

1 TL Vanilleextrakt

1/2 Coupe Haselnüsse, grof gehackt

Adressen

Veraarbecht all Zutaten an Ärem Mixer bis glat a glat.

Setzt den Teig op e Bakblech mat Bakpabeier. Setzt et an de Frigo fir op d'mannst 1 Stonn fir ze setze.

A Quadrate schneiden a servéieren. Schéin Iessen!

Blueberry Oatmeal Plaze

(Prett an ongeféier 25 Minutten | 20 servéiert)

Pro Portioun: Kalorien: 101; Fett: 2,5 g; Kuelenhydrater: 17,2g; Protein: 2,8g

Zutaten

1 ½ Taass Haferflocken

1/2 Coupe brong Zocker

1 TL Bakpulver

Eng Prise vu grober Salz

Eng Prise geriwwe Muskat

1/2 TL Zimt

2/3 Coupe Erdnussbotter

1 mëttel Bananen, gedréchent

1/3 Coupe Hafer Mëllech

1 TL Vanilleextrakt

1/2 Coupe gedréchent Cranberries

Adressen

Fänkt un mam Ofen op 350 Grad F.

Mix déi trocken Zutaten gutt an enger Schossel. An enger anerer Schossel kombinéieren déi naass Zutaten.

Da réieren déi naass Mëschung an déi dréchen Zutaten; gutt mixen.

Verdeelt d'Teigmëschung op eng Bakblech, déi mat Bakpabeier bedeckt ass. Bake am virgehëtzten Ofen fir ongeféier 20 Minutten.

Loosst op engem Drahtrack ofkillen. Schneid et a Quadrate a genéisst!

Klassesch Broutpudding mat Sultanen

(Bereet an ongeféier 2 Stonnen | 4 servéiert)

Pro Portioun: Kalorien: 377; Fett: 6,5 g; Kuelenhydrater: 72g; Protein: 10,7g

Zutaten

- 10 Unze Brout vum Dag virdrun, geschnidden
- 2 Coupe Kokosnoss Mëllech
- 1/2 Coupe Kokosnoss Zocker
- 1 TL Vanilleextrakt
- 1/2 Tsp Buedem Nelken
- 1/2 Teelöffel Buedem Kanéil
- 1/2 Coupe Sultanen

Adressen

Setzt d'Broutwierfelen an e liicht geölten Backform.

Elo mëschen d'Mëllech, Zocker, Vanill, gemalen Nelken a Zimt bis cremeg a glat.

Gidd d'Mëschung iwwer d'Broutwierfelen, dréckt se mat engem breede Spatel, sou datt se gutt erwächt sinn; ofdreiwen zu Sultanas a verloossen fir ongeféier 1 Stonn.

Bake am virgehëtzten 350 Grad F Ofen fir ongeféier 1 Stonn oder bis d'Spëtzt vun Ärem Pudding gëllenbraun ass.

Schéin Iessen!

Dekadent Haselnuss Halvah

(Prett an ongeféier 10 Minutten | servéiert 16)

Pro Portioun: Kalorien: 169; Fett: 15,5 g; Kuelenhydrater: 6,6 g; Protein: 1,9g

Zutaten

1/2 Coupe Tahini

1/2 Coupe Mandel Botter

1/4 Coupe geschmoltenem Kokosnossueleg

4 Esslöffel Agave Nektar

1/2 Tsp pure Mandelextrakt

1/2 Tsp pure Vanilleextrakt

1/8 Tsp Salz

1/8 Tsp frësch geriwwe Muskat

1/2 Coupe gehackt Haselnëss

Adressen

Fuert e quadrateschen Schacht mat Bakpabeier.

Mix d'Ingredienten, ausser d'Haselnëss, bis alles gutt gemëscht ass.

Gidd de Batter an d'Bakpapier gezeechent Form. Dréckt d'Haselnëss an den Teig.

Plaz an de Frigo bis prett fir ze servéieren. Schéin Iessen!

Mini orange cheesecakes

(Prett an ongeféier 10 Minutten + Ofkillungszäit | 12 Portiounen)

Pro Portioun: Kalorien: 226; Fett: 15,9 g; Kuelenhydrater: 19,8 g; Protein: 5,1g

Zutaten

Bark:

1 Coupe réi Mandelen

1 dl frësch Datteln, ausgeschnidden

Zousatz:

1/2 Coupe réi Sonneblummenkären, iwwer Nuecht erwächt an drainéiert

1 dl réi Cashewnëss, iwwer Nuecht erwächt an drainéiert

1 frësch gepressten Orange

1/4 Coupe Kokosnossueleg, erweicht

1/2 Coupe Datumen, pitted

Garnéieren:

2 Zoppeläffel Karamell Topping

Adressen

An Ärem Liewensmëttelprozessor, vermëschen d'Krust Zutaten bis d'Mëschung zesumme kënnt; dréckt d'Krust an eng liicht geschmiert Muffinform.

Dann mëschen d'Ingrediente fir den Topping bis et cremeg a glat ass. Gitt d'Topping-Mëschung iwwer d'Basis, schaaft eng flaach Uewerfläch mat engem Spatel.

Setzt dës Mini Kéisekuchen an de Frigo fir ongeféier 3 Stonnen. Garnéieren mat Karamell Topping. Schéin Iessen!

Berry Kompott mat roude Wäin

(Fäerdeg an ongeféier 15 Minutten | Servéiert 4)

Pro Portioun: Kalorien: 260; Fett: 0,5 g; Kuelenhydrater: 64,1g; Protein: 1,1 g

Zutaten

4 dl gemëscht Beeren, frësch oder gefruer

1 Coupe séiss roude Wäin

1 Coupe Agave Sirop

1/2 Teelöffel Stär Anis

1 Zimtstéck

3-4 Zänn

Eng Prise geriwwe Muskat

Eng Prise Mieresalz

Adressen

Füügt all Zutaten an eng Kasseroll. Deckt mat Waasser ëm 1 Zoll. Bréngt e Kachen a reduzéiert direkt d'Hëtzt op e Simmer.

Loosst et fir 9 bis 11 Minutten kachen. Loosst et komplett ofkillen.

Schéin Iessen!

Tierkesch Irmik Helvasi

(Prett an ongeféier 35 Minutten | 8 servéiert)

Pro Portioun: Kalorien: 349; Fett: 29,1 g; Kuelenhydrater: 18,1 g; Protein: 4,7g

Zutaten

1 dl Semolina Miel

1/2 Coupe gerappte Kokosnoss

1/2 Tsp Bakpulver

eng Prise Salz

1 Tsp pure Vanilleextrakt

1 dl vegan Botter

1 Coupe Kokosnoss Mëllech

1/2 Coupe Buedem Walnuss

Adressen

Mix Miel, Kokosnoss, Bakpulver, Salz a Vanille gutt. Botter a Mëllech addéieren; mixen ze passen.

Maacht d'Nëss ëm a loosst se ongeféier 1 Stonn sëtzen.

Bake am virgehëtzten 350 Grad F Uewen fir ongeféier 30 Minutten oder bis en Tester, deen an d'Mëtt vum Kuch agebaut ass, propper an dréchen eraus kënnt.

Transfert op e Drahtrack fir komplett ze killen ier Dir geschnidden a servéiert. Schéin Iessen!

traditionell griichesch koufeto

(Prett an ongeféier 15 Minutten | 8 servéiert)

Pro Portioun: Kalorien: 203; Fett: 6,8 g; Kuelenhydrater: 34,1 g; Protein: 3,4g

Zutaten

1 Pond Kürbis

8 Unzen brong Zocker

1 Vanilleschnouer

3-4 Zänn

1 Zimtstéck

1 dl Mandelen, geschnidden a liicht geréischtert

Adressen

Kürbis a brong Zocker kachen; add Vanille, Nelken a Kanéil.

Stir dauernd fir ze verhënneren datt d'Stécker festhält.

Kachen bis Äre Koufeto verdickt huet; klappt d'Mandel; komplett ofkille loossen. Genéisst!

Spicy Uebstzalot mat Zitrounedressing

(Färdeg an ongeféier 15 Minutten | Servéiert 4)

Pro Portioun: Kalorien: 223; Fett: 0,8 g; Kuelenhydrater: 56,1 g; Protein: 2,4g

Zutaten

Zalot:

1/2 Pound gemëscht Beeren

1/2 Pound Äppel, geschnidden a geschnidden

8 Unzen rout Drauwe

2 Kiwi, schielen a geschnidden

2 grouss Orangen, geschält a geschnidden

2 geschnidden Bananen

Zitroun Dressing:

2 Esslöffel frësch Zitrounejus

1 Teelöffel frëschen Ingwer, geschält a fein gehackt

4 Esslöffel Agave Sirop

Adressen

Mix all d'Ingredienten fir d'Salat bis gutt gemëscht.

Dann mëschen all d'Ingredienten fir d'Zitroundressing an enger klenger Schossel zesummen.

Kleed Är Zalot un a servéiert et ganz kal. Schéin Iessen!

Däitsch-Stil Apel crumble

(Prett an ongeféier 50 Minutten | 8 servéiert)

Pro Portioun: Kalorien: 376; Fett: 23,8g; Kuelenhydrater: 41,3 g; Protein: 3,3 g

Zutaten

4 Äppel, gekierzt, schielen a geschnidden

1/2 Coupe brong Zocker

1 Coupe Allzweck Miel

1/2 Coupe Kokosnoss Miel

2 Esslöffel Leinsamen Iessen

1 TL Bakpulver

1/2 Tsp Bakpulver

Eng Prise Mieresalz

Eng Prise fräsch geriwwe Muskat

1/2 Teelöffel Buedem Kanéil

1/2 Tsp Buedem Anis

1/2 Tsp pure Vanilleextrakt

1/2 Tsp pure Kokosnossextrakt

1 Coupe Kokosnoss Mëllech

1/2 Coupe erweicht Kokosnossueleg

Adressen

Setzt d'Äppel um Buedem vun engem liicht geschmierte Bakblech. Braun Zucker iwwer si sprëtzen.

An enger Schossel gréndlech d'Miel, Leinsammiel, Bakpulver, Bakpulver, Salz, Muskat, Zimt, Anis, Vanille a Kokosnossextrakt gréndlech vermëschen.

Füügt d'Kokosnossmëllech an erweecht Ueleg a mëschen bis gutt kombinéiert. Verdeelt d'Topping Mëschung iwwer d'Fruuchtschicht.

Bake de zerbrieche Apel bei 350 Grad F fir ongeféier 45 Minutten oder bis gëllenbraun. Schéin Iessen!

Vanille an Zimt Pudding

(Bereet an ongeféier 25 Minutten | 4 servéiert)

Pro Portioun: Kalorien: 332; Fett: 4,4g; Kuelenhydrater: 64g; Protein: 9,9g

Zutaten

1 dl Basmatiräis, gespullt

1 Taass Waasser

3 Coupe Mandel Mëllech

12 Datumen, pitted

1 TL Vanillepaste

1 TL Buedem Kanéil

Adressen

Füügt de Reis, Waasser an 1 ½ Tassen Mëllech an eng Kasseroll. Deckt d'Pan a bréngt d'Mëschung zum Kachen.

Hëtzt op niddereg reduzéieren; loosst et nach 10 Minutten kachen bis all d'Flëssegkeet absorbéiert ass.

Da fügen déi aner Zutaten derbäi a réieren fir ze kombinéieren. Simmer fir eng aner 10 Minutten oder bis de Pudding verdickt ass. Schéin Iessen!

Schockela Minze Kuch

(Prett an ongeféier 45 Minutten | 16 servéiert)

Pro Portioun: Kalorien: 167; Fett: 7,1 g; Kuelenhydrater: 25,1 g; Protein: 1,4g

Zutaten

1/2 Coupe vegan Botter

1/2 Coupe brong Zocker

2 chia eieren

3/4 Coupe Allzweck Miel

1 TL Bakpulver

eng Prise Salz

Eng Prise vu Buedem Nelken

1 TL Buedem Kanéil

1 Tsp pure Vanilleextrakt

1/3 Coupe Kokosnoss Flakelen

1 dl vegan Schockela Chips

E puer Tropfen Peffermënz äthereschen Ueleg

Adressen

D'vegan Botter an Zocker bis flauscheg an enger Schossel schloen.

Chia Eeër, Miel, Bakpulver, Salz, Nelken, Zimt a Vanille derbäi. Mix fir gutt ze mëschen.

D'Kokosnoss derbäisetzen an erëm mixen.

Gidd d'Mëschung an e liicht geschmierte Bakblech; bake bei 350 Grad F fir 35 bis 40 Minutten.

Schmelzen de Schockela an Ärer Mikrowelle a fügen d'Pfeffermënz ätherescht Ueleg dobäi; réieren fir gutt ze mëschen.

Da verdeelt d'Schockela-Ganache gläichméisseg iwwer d'Uewerfläch vum Kuch. Schéin Iessen!

al äusgeleiert Kichelcher

(Prett an ongeféier 45 Minutten | 12 servéiert)

Pro Portioun: Kalorien: 167; Fett: 8,6 g; Kuelenhydrater: 19,6 g; Protein: 2,7g

Zutaten

1 Coupe Allzweck Miel

1 TL Bakpulver

eng Prise Salz

Eng Prise geriwwe Muskat

1/2 Teelöffel Buedem Kanéil

1/4 Teelöffel Buedem Kardamom

1/2 Coupe Erdnussbotter

2 EL Kokosnossueleg bei Raumtemperatur

2 EL Mandel Mëllech

1/2 Coupe brong Zocker

1 TL Vanilleextrakt

1 dl vegan Schockela Chips

Adressen

An enger Schossel kombinéieren d'Miel, Bakpulver a Gewierzer.

An enger anerer Schossel kombinéieren Erdnussbotter, Kokosnossueleg, Mandelmëllech, Zocker a Vanille. Füügt déi naass Mëschung un déi trocken Zutaten a réieren bis gutt kombinéiert.

Dobäizemaachen d'Schockela Stécker. Setzt den Teig an de Frigo fir ongeféier 30 Minutten. Form den Teig a kleng Kuchen a setzen se op e Bakblech mat Bakpabeier.

Bake an engem virgehëtzten 350 Grad F Uewen fir ongeféier 11 Minutten. Transfert se op e Drahtrack fir e bëssen ze killen ier se servéiert. Schéin Iessen!

Kokosnoss Crème Kuch

(Prett an ongeféier 15 Minutten + Ofkillungszäit | 12 Portiounen)

Pro Portioun: Kalorien: 295; Fett: 21,1 g; Kuelenhydrater: 27,1 g; Protein: 3,8g

Zutaten

Bark:

2 Coupe Nëss

10 frësch Datumen, pitted

2 EL Kokosnossueleg bei Raumtemperatur

1/4 Teelöffel Leescht Kardamom

1/2 Teelöffel Buedem Kanéil

1 TL Vanilleextrakt

Fëllung:

2 mëttelméisseg iwwerreift Bananen

2 gefruer Bananen

1 Coupe voll Crème Kokosnoss, ganz kal

1/3 Coupe Agave Sirop

Garnéieren:

3 Unzen vegan donkel Schockela, raséiert

Adressen

An Ärem Liewensmëttelprozessor, vermëschen d'Krust Zutaten bis d'Mëschung zesumme kënnt; dréckt d'Krust an e liicht geschmierte Bakform.

Dann mëschen d'Füllschicht. Gitt d'Fëllung iwwer d'Basis, schaaft eng flaach Uewerfläch mat engem Spatel.

Transfert de Kuch an de Frigo fir ongeféier 3 Stonnen. Store an Ärem Frigo.

Garnéieren mat Schockela Curls just virum Déngscht. Schéin Iessen!

Liicht Schockela Karamell

(Prett an ongeféier 35 Minutten | 8 servéiert)

Pro Portioun: Kalorien: 232; Fett: 15,5 g; Kuelenhydrater: 19,6 g; Protein: 3,4g

Zutaten

10 Unzen donkel Schockela, a Stécker gebrach

6 Esslöffel waarm Kokosnoss Mëllech

1/4 Tsp Buedem Kanéil

1/4 Tsp Buedem Anis

1/2 Tsp Vanilleextrakt

1/4 Coupe Kakaopulver, net séiss

Adressen

Mix Schockela, waarm Kokosnoss Mëllech, Zimt, Anis a Vanille bis gutt kombinéiert.

Benotzt e Cookie-Scoop fir d'Mëschung an 1-Unze Portiounen ze trennen. Roll d'Bäll mat den Hänn a killt op d'mannst 30 Minutten am Frigo.

Taucht d'Schockelakugelen am Kakaopulver a späicheren am Frigo bis se prett sinn fir ze servéieren. Schéin Iessen!

Mamm d'Hambierbéier Cobbler

(Prett an ongeféier 50 Minutten | 7 Portiounen)

Pro Portioun: Kalorien: 227; Fett: 10,6 g; Kuelenhydrater: 32,1 g; Protein: 3,6g

Zutaten

1 Pound frësch Hambieren

1/2 Teelöffel frëschen Ingwer, geschält a fein gehackt

1/2 Teelöffel Zitrounejus

2 EL brong Zocker

1 Coupe Allzweck Miel

1 TL Bakpulver

1/4 Tsp Meersalz

2 Unzen Agave Sirop

1/4 Teelöffel Buedem Nelken

1/2 Teelöffel Buedem Kanéil

1/8 Tsp frësch geriwwe Muskat

1/2 Coupe Kokosnoss Crème

1/2 Coupe Kokosnoss Mëllech

Adressen

Setzt d'Hambieren um Buedem vun engem liicht geschmierte Bakblech. Sprëtzen Ingwer, Zitrounejus a brong Zucker iwwer hinnen.

An enger Schossel grëndlech d'Miel, d'Bakpulver, d'Salz, d'Agave Sirop, d'Buedem Nelken, den Zimt an d'Muskat grëndlech vermëschen.

D'Kokosnosscrème an d'Mëllech derbäisetzen a mixen bis alles gutt agebonne ass. Verdeelt d'Topping Mëschung iwwer d'Hambierschicht.

Bake Äre Cobbler bei 350 Grad F fir ongeféier 45 Minutten oder bis gëllenbraun. Schéin Iessen!

Crisp Hierscht Biren

(Prett an ongeféier 50 Minutten | 8 servéiert)

Pro Portioun: Kalorien: 289; Fett: 15,4g; Kuelenhydrater: 35,5 g; Protein: 4,4g

Zutaten

4 Biren, geschält, gekierzt a geschnidden

1 Esslöffel frësch Zitrounejus

1/2 Teelöffel Buedem Kanéil

1/2 Tsp Buedem Anis

1 Coupe brong Zocker

1 ¼ Coupe Instant Haferflocken

1/2 Coupe Waasser

1/2 Tsp Bakpulver

1/2 Coupe geschmoltenem Kokosnossueleg

1 Tsp pure Vanilleextrakt

Adressen

Fänkt un mam Ofen op 350 Grad F.

Setzt d'Biren am Buedem vun engem liicht geschmierte Bakblech. Sprëtzen Zitrounejus, Zimt, Anis an 1/2 Taass brong Zucker iwwer hinnen.

An enger Schossel gréndlech mëschen Instant oats, Waasser, d'Halschent vum brong Zocker, Bakpulver, Kokosnossueleg an Vanilleextrakt gréndlech.

Verdeelt d'Topping Mëschung iwwer d'Fruuchtschicht.

Bake am virgehëtzten Ofen fir ongeféier 45 Minutten oder bis gëllenbraun. Schéin Iessen!

berühmte Haystack Cookien

(Bereet an ongeféier 20 Minutten | 9 servéiert)

Pro Portioun: Kalorien: 332; Fett: 18,4g; Kuelenhydrater: 38,5 g; Protein: 5,1g

Zutaten

1 Coupe Instant Haferflocken

1/2 Coupe Mandel Botter

2 Unzen Buedem Mandelen

1/4 Coupe net séiss Kakaopulver

1/2 Teelöffel Vanille

1/2 Teelöffel Buedem Kanéil

1/2 Tsp Buedem Anis

1/4 Coupe Mandel Mëllech

3 EL vegan Botter

1 Coupe brong Zocker

Adressen

An enger Schossel kombinéieren Hafer, Mandelbotter, Buedem Mandelen, Kakao, Vanill, Zimt an Anis bis gutt gemëscht; Reservatioun.

Bréngt d'Mëllech, d'Botter an den Zocker zu engem Kachen an engem mëttleren Kasseroll. Loosst et fir ongeféier 1 Minutt kachen, dacks réieren.

Giet d'Mëllech/Botter-Mëschung iwwer d'Hafermëschung; réieren fir gutt ze mëschen.

Läffelen op engem Bakblech mat Bakpabeier bedeckt a léisst et komplett ofkillen. Genéisst!

duebel Schockela Brownies

(Prett an ongeféier 25 Minutten | 9 servéiert)

Pro Portioun: Kalorien: 237; Fett: 14,4g; Kuelenhydrater: 26,5 g; Protein: 2,8g

Zutaten

1/2 Coupe vegan Botter, geschmoltenem

2 Esslöffel Äppel

1/2 Coupe Allzweck Miel

1/2 Coupe Mandel Miel

1 TL Bakpulver

2/3 Coupe brong Zocker

1/2 Tsp Vanilleextrakt

1/3 Coupe Kakaopulver

Eng Prise Mieresalz

Eng Prise frësch geriwwe Muskat

1/4 Coupe Schockela Chips

Adressen

Fänkt un mam Ofen op 350 Grad F.

Botter an Äppel an enger Schossel schëdden bis gutt kombinéiert. Da fügen déi aner Zutaten derbäi, kontinuéierlech rëselen fir gutt ze kombinéieren.

Gidd de Batter an e liicht gefette Bakblech. Bake am virgehëtzten Ofen fir ongeféier 25 Minutten oder bis en Tester, deen am Zentrum agebaut ass, propper erauskënnt.

Schéin Iessen!

Crunchy Oatmeal Walnuss Schneekereien

(Prett an ongeféier 25 Minutten | 10 servéiert)

Pro Portioun: Kalorien: 375; Fett: 16,3g; Kuelenhydrater: 56g; Protein: 4,7g

Zutaten

1 Coupe Allzweck Miel

2 ½ Tassen Instant Haferflocken

1 TL Bakpulver

Eng Prise vu grober Salz

1 Coupe brong Zocker

1/2 Coupe Kokosnossueleg bei Raumtemperatur

4 Esslöffel Agave Sirop

1 TL Vanilleextrakt

1/4 Tsp Buedem Kanéil

1/4 Tsp Buedem Anis

1/4 Teelöffel Buedem Nelken

2 Esslöffel Äppel

1/2 Coupe Walnüsse, gehackt

Adressen

An enger Schossel gréndlech Mëschung Miel, Hafer, Bakpulver a Salz.

Da schloe den Zocker mat Kokosnossueleg an Agave Sirop. D'Gewierzer an d'Äppel dobäi ginn. Füügt déi naass Mëschung un déi trocken Zutaten.

Füügt d'Nëss a réieren fir ze kombinéieren. Verdeelt den Teig op engem Bakblech mat Pergament.

Bake Äre Kuch bei 350 Grad F fir ongeféier 25 Minutten oder bis d'Mëtt fest ass. Loosst et ofkillen a schneiden et a Baren. Schéin Iessen!

Mamm hir Himbeer Kéisekuch

(Prett an ongeféier 15 Minutten + Ofkillungszäit | 9 servéiert)

Pro Portioun: Kalorien: 355; Fett: 29,1 g; Kuelenhydrater: 20,1 g; Protein: 6,6g

Zutaten

Bark:

1 Coupe Mandel Miel

1/2 Coupe Macadamia Nëss

1 dl getrocknete Kokosnoss

1/2 TL Zimt

1/4 Teelöffel gerappte Muskat

Zousatz:

1 dl réi Cashewnëss, iwwer Nuecht erwächt an drainéiert

1 Coupe réi Sonneblummenkären, iwwer Nuecht erwächt an drainéiert

1/4 Coupe Kokosnossueleg, bei Raumtemperatur

1/2 Coupe pure Agave Sirop

1/2 dl gefruer gedréchent Hambieren

Adressen

An Ärem Liewensmëttelprozessor, vermëschen d'Krust Zutaten bis d'Mëschung zesumme kënnt; dréckt d'Krust an eng liicht geschmiert Springform.

Dann mëschen d'Ingrediente fir den Topping bis et cremeg a glat ass. Gitt d'Topping Mëschung iwwer d'Basis.

Setzt de Kéisekuch an de Frigo fir ongeféier 3 Stonnen. Garnéieren mat e puer Hambieren an extra Kokosnossflakken. Schéin Iessen!

Schockela verglaste Kichelcher

(Prett an ongeféier 45 Minutten | 14 servéiert)

Pro Portioun: Kalorien: 177; Fett: 12,6g; Kuelenhydrater: 16,2g; Protein: 1,7g

Zutaten

1/2 Coupe Allzweck Miel

1/2 Coupe Mandel Miel

1 TL Bakpulver

Eng Prise Mieresalz

Eng Prise geriwwe Muskat

1/4 Teelöffel Buedem Nelken

1/2 Coupe Kakaopulver

1/2 Coupe Cashew Botter

2 EL Mandel Mëllech

1 Coupe brong Zocker

1 TL Vanillepaste

4 Unzen vegan Schockela

1 Eeërbecher Kokosnoss Ueleg

Adressen

An enger Schossel kombinéieren d'Miel, Bakpulver, Salz, Muskat, Nelken a Kakaopulver.

An enger anerer Schossel kombinéieren Cashew Botter, Mandel Mëllech, Zocker an Vanille Boun Paste. Füügt déi naass Mëschung un déi trocken Zutaten a réieren bis gutt kombinéiert.

Setzt den Teig an de Frigo fir ongeféier 30 Minutten. Form den Teig a kleng Kuchen a setzen se op e Bakblech mat Bakpabeier.

Bake an engem virgehëtzten 330 Grad F Ofen fir ongeféier 10 Minutten. Transfert de Bratpfanne op e Drahtrack fir liicht ze killen.

Mikrowelle Schockela bis geschmëlzt; de geschmoltene Schockela mam Kokosnossöl vermëschen. Verdeelt de Frosting iwwer Är Kichelcher a loosst se komplett ofkillen. Schéin Iessen!

Karamell Brout Pudding

(Prett an ongeféier 2 Stonnen | 5 Portiounen)

Pro Portioun: Kalorien: 386; Fett: 7,3 g; Kuelenhydrater: 69,3g; Protein: 10,8g

Zutaten

12 Eeërbecher Brout, geschnidden

3 Coupe Mandel Mëllech

1/2 Coupe Agave Sirop

1/4 Teelöffel grober Salz

1/4 Tsp frësch geriwwe Muskat

1 Tsp pure Vanilleextrakt

1/2 Teelöffel Buedem Kanéil

1 Coupe geschnidden Mandelen

1 Coupe Karamellzooss

Adressen

Setzt d'Broutwierfelen an e liicht geölten Backform.

Elo vermëschen d'Mëllech, d'Agavesirop, d'grouss Salz, d'frësch gerappte Muskat, de Vanilleextrakt an den Zimt bis cremeg a glat.

Gidd d'Mëschung iwwer d'Broutwierfelen, dréckt se mat engem breede Spatel, sou datt se gutt erwächt sinn; d'Mandelen derbäisetzen an ongeféier 1 Stonn loossen.

Bake am virgehëtzten 350 Grad F Ofen fir ongeféier 1 Stonn oder bis d'Spëtzt vun Ärem Pudding gëllenbraun ass.

Gidd d'Karamellzooss iwwer de Broutpudding a servéiert bei Raumtemperatur. Schéin Iessen!

Déi bescht Granola Baren vun all Zäit

(Prett an ongeféier 25 Minutten | 16 servéiert)

Pro Portioun: Kalorien: 227; Fett: 12,8g; Kuelenhydrater: 25,5 g; Protein: 3,7g

Zutaten

  1 dl vegan Botter

  1 Coupe Haferflocken

  1 Coupe Allzweck Miel

  1 Coupe Haferflocken

  1 TL Bakpulver

  Eng Prise vu grober Mieresalz

  Eng Prise fräsch geriwwe Muskat

  1/4 Teelöffel Buedem Nelken

  1/4 Teelöffel Buedem Kardamom

  1/4 Tsp Buedem Kanéil

  1 Heap Coupe gepackt Datumen, gestoppt

4 Unzen Hambierbéier Gebeess

Adressen

Fänkt un mam Ofen op 350 Grad F.

Mix déi trocken Zutaten gutt an enger Schossel. An enger anerer Schossel kombinéieren déi naass Zutaten.

Da réieren déi naass Mëschung an déi dréchen Zutaten; gutt mixen.

Verdeelt d'Teigmëschung op eng Bakblech, déi mat Bakpabeier bedeckt ass. Bake am virgehëtzten Ofen fir ongeféier 20 Minutten.

Loosst op engem Drahtrack ofkillen an dann a Barren schneiden. Schéin Iessen!

Old Fashioned Fudge Penuche

(Prett an ongeféier 15 Minutten | 12 servéiert)

Pro Portioun: Kalorien: 156; Fett: 11,1 g; Kuelenhydrater: 13,6 g; Protein: 1,5g

Zutaten

  4 Unzen vegan donkel Schockela

  1/2 Coupe Mandel Mëllech

  1 Coupe brong Zocker

  1/4 Coupe Kokosnossueleg, erweicht

  1/2 Coupe gehackt Walnuss

  1/4 Teelöffel Buedem Nelken

  1/2 Teelöffel Buedem Kanéil

Adressen

Mikrowell de Schockela bis et geschmolt ass.

D'Mëllech an engem Kasseroll erhëtzen an d'waarm Mëllech an de geschmoltene Schockela derbäi.

Füügt déi reschtlech Zutaten a mëschen fir gutt ze kombinéieren.

Gidd d'Mëschung an eng gutt geschmiert Schimmel a killt bis se setzt. hunn e schéinen Iessen

(Prett an ongeféier 10 Minutten + Ofkillungszäit | 12 Portiounen)

Pro Portioun: Kalorien: 235; Fett: 17,8g; Kuelenhydrater: 17,5 g; Protein: 4,6g

Zutaten

1 Coupe Buedem Mandelen

1 ½ dl Datteln, ausgeschnidden

1 ½ dl vegan Crème Kéis

1/4 Coupe Kokosnossueleg, erweicht

1/2 Coupe frësch oder gefruer Molbieren

Adressen

An Ärem Liewensmëttelprozessor, Mix Mandelen an 1 Coupe Datumen bis Mëschung zesummen kënnt; dréckt d'Krust an eng liicht geschmiert Muffinform.

Dann vermëschen déi reschtlech 1/2 Taass Datumen zesumme mam vegan Kéis, Kokosnossueleg a Cranberries bis cremeg a glat. Gitt d'Topping Mëschung iwwer d'Basis.

Setzt dës Mini Kéisekuchen an de Frigo fir ongeféier 3 Stonnen. Schéin Iessen!

Traditionell Hanukkah Latkes

(Prett an ongeféier 30 Minutten | 6 Portiounen)

Pro Portioun: Kalorien: 283; Fett: 18,4g; Kuelenhydrater: 27,3 g; Protein: 3,2g

Zutaten

1 ½ Pond Gromperen, geschält, gerappt an drainéiert

3 Esslöffel geschnidden gréngen Zwiebel

1/3 Coupe Allzweck Miel

1/2 Tsp Bakpulver

1/2 Tsp Meersalz, am léifsten namak

1/4 Teelöffel Buedem schwaarz Peffer

1/2 Olivenueleg

5 Esslöffel Äppel

1 Esslöffel frësch Dill, gehackt

Adressen

Mix déi gerappte Gromperen, gréngen Zwiebelen, Miel, Bakpulver, Salz a schwaarze Peffer gutt.

Den Olivenueleg an enger Bratpfanne iwwer mëttlerer Hëtzt erhëtzen.

Pour 1/4 Coupe Kartoffelmëschung an d'Sécherheet a kachen Latkes bis gëllenbraun op béide Säiten. Widderhuelen mat dem reschtlechen Teig.

Serve mat Äppel a fréschem Dill. Schéin Iessen!

Thanksgiving Herb Gravy

(Prett an ongeféier 20 Minutten | 6 Portiounen)

Pro Portioun: Kalorien: 165; Fett: 1,6 g; Kuelenhydrater: 33,8 g; Protein: 6,8g

Zutaten

3 Coupe Geméis Bouillon

1 ½ dl brong Reis, gekacht

6 Unzen Cremini Champignonen, gehackt

1 TL gedréchent Basil

1 Tsp gedréchent Oregano

1/2 Teelöffel gedréchent Rosmarin

1/2 Teelöffel gedréchent Thymian

1/2 Tsp fein gehackte Knuewel

1/4 Coupe einfach ongesüßte Mandel Mëllech

Mier Salz a fräsch geméschte schwaarze Peffer

Adressen

Bréngt Geméis Bouillon zu engem Kachen iwwer mëttlerer Hëtzt; Räis a Champignonen addéieren an d'Hëtzt op e Simmer reduzéieren.

Loosst et fir ongeféier 12 Minutten kachen, bis d'Champignonen erweicht sinn. Huelt aus dem Feier.

Dann vermëschen d'Mëschung bis glat a cremeg.

Füügt déi reschtlech Zutaten derbäi an erhëtzt Är Sauce iwwer mëttlerer Hëtzt bis alles gekacht ass.

Serve mat Gromperepuree oder Geméis vun Ärer Wiel. Schéin Iessen!

www.ingramcontent.com/pod-product-compliance
Lightning Source LLC
Chambersburg PA
CBHW070409120526
44590CB00014B/1317